Whisky – Flüssiges Gold

Philipp Racher

Philipp Racher

Whisky Flüssiges Gold

Mit Whisky-Investments nachhaltig Vermögen aufbauen

Börsenbuchverlag

Gestaltung Cover: Daniela Freitag
Gestaltung, Satz und Herstellung: Maja Hempfling
Lektorat: Ilona Jaeger
Korrektorat: Claus Rosenkranz
Druck: GGP Media GmbH, Pößneck

ISBN 978-3-68932-087-4

Bibliografische Information der Deutschen Nationalbibliothek:
Die Deutsche Nationalbibliothek verzeichnet diese Publikation in der Deutschen Nationalbibliografie; detaillierte bibliografische Daten sind im Internet über <http://dnb.d-nb.de> abrufbar.

BÖRSEN MEDIEN
AKTIENGESELLSCHAFT

Postfach 1449 • 95305 Kulmbach
Tel: +49 9221 9051-0 • Fax: +49 9221 9051-4444
E-Mail: info@plassen-buchverlage.de
www.boersenbuchverlag.de
www.facebook.com/plassenverlag
www.instagram.com/plassen_buchverlage

Inhalt

Preis ist das, was du bezahlst.
Wert ist das, was du bekommst.

Warren E. Buffett

Einleitung

Die Finanzwelt verändert sich spürbar. Inflationsraten schwanken stärker, Notenbanken experimentieren mit Zinsen und Währungen verlieren weiter an Kaufkraft – während Staaten stetig die Abgabenlasten ihrer Bürger erhöhen. Dieses Umfeld setzt traditionelle Anlageklassen zunehmend unter Druck.

Gleichzeitig war die Vielfalt an Investitionsmöglichkeiten und die Dichte an Informationen darüber noch nie so groß wie heute. Und trotzdem, oder vielleicht gerade deshalb, fällt es dem Großteil der Menschen so schwer, Orientierung zu finden. In einer Zeit, in der wir von der analogen in die digitale Welt übergehen, in der künstliche Intelligenz ganze Branchen verändert, die Blockchain die Finanzwelt auf den Kopf stellt und unsere Währungssysteme teils am seidenen Faden zu hängen scheinen – in dieser Zeit stellt sich mehr denn je die Frage, wie das eigene Vermögen geschützt und zugleich vermehrt werden kann.

Immobilien, Aktien und Edelmetalle gelten als solide Werte. Doch eine Anlageklasse ist in den letzten Jahren zunehmend in den Fokus geraten – Whisky.

In den vergangenen zwei Jahrzehnten haben seltene Whiskys – insbesondere Abfüllungen von Macallan, Bowmore, Glenfiddich oder Yamazaki – Preissteigerungen erzielt, die viele etablierte Aktienindizes in den Schatten stellen. Auf Auktionen werden Rekordpreise erzielt, Sammlermärkte boomen und selbst institutionelle Anleger entdecken diesen Markt zunehmend für sich.

Der Grund: Gereifter Whisky lässt sich weder nachdrucken noch künstlich reproduzieren oder beliebig vervielfältigen. Er ist begrenzt, greifbar und global handelbar. In Zeiten der Unsicherheit suchen Menschen nach realen Werten. Whisky bietet genau das – mit einer zusätzlichen Dimension: Geschichte, Handwerkskunst und Kultur.

Viele Menschen glauben, dass Whisky-Investments kompliziert oder vom Zufall abhängig sind. In Wahrheit folgt auch dieser Markt klaren, nachvollziehbaren Prinzipien. Erprobte Regeln und bewährte Vorgehensweisen der erfolgreichsten Investoren dieser Welt lassen sich auf Whisky-Investments übertragen. Außerdem liefert auch die Geschichte gewisse Anhaltspunkte dafür, wie man beim Investment in Whisky vorgehen sollte.

Wer sich ernsthaft mit dem Investieren beschäftigt, stößt unweigerlich auf Namen wie Ray Dalio, Warren Buffett oder Peter Lynch, Persönlichkeiten, deren Strategien seit Jahrzehnten Maßstäbe setzen. In diesem Buch erfahren Sie, wie sich ihre zentralen Prinzipien – von Diversifikation über langfristiges Denken bis hin zur Risikokontrolle – auf Whisky-Investments anwenden lassen.

Zusätzlich wird dieses Wissen durch Einblicke in die Strategien erfahrener Whisky-Investoren und Branchen-Insider ergänzt. Auf der Grundlage zahlreicher Interviews wurden deren Ansätze, Auswahlkriterien und Entscheidungsprozesse analysiert und auf gemeinsame Muster hin untersucht. So entstand ein praxisnahes Fundament, mit dem Sie ein solides Portfolio aufbauen können, das Substanz besitzt und seinen Wert langfristig nicht nur erhält, sondern über die Jahre steigern kann.

Zwei Prinzipien erachte ich für Investoren als besonders grundlegend, daher möchte ich sie bereits hier erwähnen:

„Verstehen Sie, dass gute Entscheidungen auf Wahrscheinlichkeiten beruhen."
Ray Dalio

Auch beim Whisky-Investment gibt es keine Garantien. Aber es gibt Wahrscheinlichkeiten. Eine fundierte Analyse historischer Preisentwicklungen, Auktionsdaten und Markttrends erhöht die Wahrscheinlichkeit, langfristig profitabel zu sein.

„Schmerz + Nachdenken = Fortschritt."
Ray Dalio

Fehler gehören zum Investieren dazu. Auch im Whisky-Markt wird nicht jede Abfüllung zum großen Gewinner. Entscheidend ist, dass man aus Erfahrungen lernt und das eigene Vorgehen reflektiert. Wer seine Entscheidungen bewusst analysiert, wächst – und entwickelt sich zu einem besseren Anleger weiter.

Die Essenz dieser Prinzipien ist: Verstehe, analysiere, handle systematisch und bleibe gleichzeitig offen für neue Perspektiven. Genau diese Balance aus Systematik und Neugier unterscheidet den langfristig erfolgreichen Investor vom kurzfristigen Spekulanten. Diese Haltung ist entscheidend, um im Whisky-Markt nicht von Trends getrieben zu werden, sondern langfristige Werte zu erkennen.

Doch wie bei jeder Anlageform gilt auch hier: Sie sollten nur in das investieren, was Sie verstehen. Dieses Buch soll Ihnen genau dabei helfen – zu verstehen. Es ist kein klassischer Ratgeber und auch keine Lobrede auf Whisky. Es ist eine fundierte Einführung in eine faszinierende Anlageklasse, geschrieben für Menschen, die klug, informiert und mit Weitblick investieren wollen – egal ob sie Einsteiger sind oder bereits Erfahrungen mit alternativen Anlageklassen gesammelt haben.

Deshalb wird zu Beginn relevantes Grundwissen zum Whisky vermittelt: seine Geschichte, der Herstellungsprozess und die Unterscheidungsmerkmale. Anschließend folgen die Grundlagen des Investierens, bevor wir tiefer in die Anlageklasse Whisky als Teil des Portfolios und als Art der Vermögenssicherung eintauchen.

Sie werden in diesem Buch erfahren:

- wie Whisky hergestellt wird und weshalb die Produktionsprozesse den späteren Marktwert entscheidend beeinflussen,
- wie sich der Whisky-Markt in den letzten Jahrzehnten entwickelt hat und weshalb er zunehmend an Attraktivität gewinnt,
- welche Unterschiede zwischen Flaschen, Fässern, Jahrgängen und Destillerien wirklich zählen,
- welche Strategien beim Investieren funktionieren und welche Fehler Sie vermeiden sollten,
- wie Sie ein eigenes Portfolio aufbauen, lagern, verwalten und bei Bedarf veräußern können,
- wie Whisky sich im Vergleich zu anderen Sachwerten – wie etwa Kunst, Immobilien oder Edelmetallen – positioniert,
- was Sie von erfolgreichen Investoren und Brancheninsidern der Whisky-Welt über den Umgang mit alternativen Assets lernen können.

Die Struktur des Buches ist bewusst so gewählt, dass es nicht nur von Anfang bis Ende gelesen, sondern auch als Nachschlagewerk genutzt werden kann. Am Ende jedes Kapitels finden Sie eine kompakte Zusammenfassung, die die wichtigsten Inhalte bündelt. So können Sie jederzeit erneut gezielt in einzelne Themenbereiche eintauchen.

1. Der Whisky und seine Geschichte

Whisky ist nicht nur eine Spirituose, er ist ein Stück lebendige Wirtschaftsgeschichte. Wer heute in Whisky investiert, betritt einen Markt, der sich über Jahrhunderte herausgebildet hat – durch Technik, Politik, Krisen und Trends. Um das wahre Potenzial dieser Anlageklasse zu erkennen, lohnt sich der Blick in die Vergangenheit. Denn dort liegen die Wurzeln der Elemente, die den heutigen Wert und die zukünftige Entwicklung von Whisky entscheidend prägen.

Bevor wir uns der bewegten Geschichte des Whiskys widmen, ist es hilfreich, einige zentrale Begriffe und Konzepte zu verstehen, die diesen Markt bestimmen.

Das folgende Mini-Glossar bietet einen kompakten Überblick über die wichtigsten Begriffe rund um Herstellung, Typologie und Reifung – und zeigt, warum sie auch – und gerade – für Investoren von Bedeutung sind.

Ein vollständiges, erweitertes Glossar finden Sie am Ende des Buches.

1.1 Kurze Begriffserklärungen

- **Single Malt Whisky:** Aus einer einzigen Destillerie („Single"), hergestellt ausschließlich aus gemälzter Gerste („Malt"). Gilt als Referenzklasse vieler Premium-Abfüllungen.
- **Grain Whisky:** Aus verschiedenen Getreidearten (meist Mais, Weizen oder ungemälzte Gerste) hergestellt. Dient häufig als Basis für Blended Whisky, gewinnt aber als eigenständige Kategorie zunehmend an Bedeutung.
- **Blended Whisky:** Mischung aus unterschiedlichen Malt und/oder Grain Whiskys. Entscheidend ist das Können des Master Blenders (der über die Auswahl und das Mischverhältnis entscheidet). Blended Whiskys stellen weltweit den größten Marktanteil.
- **Peated Whisky:** Rauchiger Whisky, dessen Malz über Torffeuer getrocknet wird. Der Rauch überträgt phenolische Aromen auf das Malz und verleiht dem Whisky seine charakteristischen Rauchnoten.
- **Pot Still / Column Still:** Zwei zentrale Destillationsverfahren. Pot Stills, meist aus Kupfer gefertigte Brennblasen, arbeiten diskontinuierlich. Jede Charge wird separat erhitzt, destilliert, gereinigt und erneut befüllt. Column Stills (auch Coffey Stills oder Continuous Stills genannt) arbeiten kontinuierlich, ohne dass die Anlage zwischen den Durchläufen geleert werden muss. Moderne Column Stills bestehen meist aus robustem Edelstahl, enthalten jedoch ebenfalls einige Kupferelemente.
- **Cask Strength Whisky:** Direkt aus dem Fass abgefüllt und nicht auf Trinkstärke verdünnt. Mit meist rund 60 Prozent Alkoholgehalt bietet er intensivere Aromen und wird von Sammlern wegen seiner Authentizität geschätzt.
- **Finish / Second Maturation:** Nachreifung in einem zweiten Fass (zum Beispiel Sherry-, Port- oder Weinfass). Sorgt für zusätzliche Tiefe und komplexe Aromen. Oft ein Qualitätsmerkmal hochwertiger Abfüllungen.

- **Single Cask Whisky:** Aus einem einzelnen Fass. Stark limitiert und daher bei Sammlern und Investoren besonders begehrt, da jedes Fass einen einzigartigen Charakter besitzt.

Diese Begriffe werden Ihnen im weiteren Verlauf immer wieder begegnen – lassen Sie uns nun aber direkt in die Historie des Whiskys eintauchen.

1.2 Die Ursprünge des Destillierens

Die Geschichte des Whiskys lässt sich bis ins 15. Jahrhundert zurückverfolgen, als in Irland und Schottland vermutlich erstmals regelmäßig destilliert wurde. Die älteste schriftliche Erwähnung von Whisky findet sich in den schottischen Exchequer Rolls aus dem Jahr 1494 – den Rechnungsbüchern des königlichen Schatzamtes.

Dort wird vermerkt, dass König James IV. von Schottland die Verwendung von „acht Ballen Malz" zur Herstellung von „Aqua Vitae" genehmigte. Dieser Begriff, lateinisch für „Wasser des Lebens", wurde damals für destillierte Spirituosen benutzt und unterstreicht die ursprüngliche Anwendung von Whisky für medizinische Zwecke.

Doch die Ursprünge der Destillationskunst reichen weit über das mittelalterliche Europa hinaus. Bereits im 8. und 9. Jahrhundert beschrieben arabische Gelehrte Destillationsverfahren, die zunächst zur Gewinnung von Parfums, ätherischen Ölen und Heilmitteln dienten. Über klösterliche Schriften und Handelswege verbreitete sich dieses Wissen allmählich in ganz Europa. In den Klöstern Irlands und Schottlands wurde die Technik schließlich weiterentwickelt und auf die Herstellung alkoholischer Getränke angewendet – der Beginn einer Tradition, die später zum Whisky führen sollte.

Im frühen 16. und 17. Jahrhundert war die Whiskyproduktion in Irland und Schottland bereits stark verbreitet, allerdings weit entfernt von der heutigen industriellen Herstellung. Destilliert wurde meist in kleinen familiären oder klösterlichen Brennereien, oft für den Eigenbedarf oder für medizinische Zwecke. Die Spirituose war in den rauen Klimazonen dieser Regionen besonders beliebt, da sie nicht nur als Heilmittel galt, sondern auch als wärmendes Getränk in den kalten Wintermonaten diente.

Von einer organisierten Industrie war man jedoch noch weit entfernt; Whisky war ein kulturelles Produkt, nicht aber ein kontrolliertes Wirtschaftsgut. Erst in späteren Zeiten entwickelte sich die kommerzielle Whiskyindustrie, die sich mit dem Beginn der industriellen Revolution schließlich den Weg für globale Exporte und den modernen Whiskyhandel ebnete.

Heute gilt Whisky als eine der bedeutendsten Spirituosen weltweit. Seine Ursprünge für medizinische Zwecke und das über Jahrhunderte weiterentwickelte Handwerk haben ihn zu einem kulturellen Erbe gemacht, das tief in der Geschichte Schottlands, Irlands und der gesamten Welt verwurzelt ist.

1.3 Der Einfluss der britischen Krone und die Verbreitung von Whisky

Im 17. Jahrhundert wurde Whisky in Schottland und Irland immer populärer, was die britische Krone auf den Plan rief. Angesichts der zunehmenden Verbreitung und des wirtschaftlichen Potenzials beschloss die Regierung, Steuern auf die Produktion von Alkohol zu erheben. 1644 wurde in Schottland erstmals eine Whisky-Steuer eingeführt – ein Versuch, die Destillation zu kontrollieren und staatliche Einnahmen zu generieren. Diese Maßnahme hatte jedoch den genau gegenteiligen Effekt: Statt einer Regulierung des Marktes kam es zu einem massiven Anstieg illegaler Brennereien und Schwarzbrennerei wurde in Schottland zur Alltagsrealität.

Whisky als Schmuggelware und kulturelles Erbe

Über ein Jahrhundert hinweg versuchten Regierungen immer wieder, die Whisky-Produktion strenger zu kontrollieren. Doch insbesondere in den abgelegenen Highlands von Schottland, wo sich die britische Krone schwer durchsetzen konnte, florierte die illegale Brennerei. Whisky wurde versteckt auf Bergen, in Höhlen und abgelegenen Tälern gebrannt, während sich gut organisierte Schmuggelnetzwerke entwickelten, die den Whisky in die Städte brachten. Schottische Clans und lokale Gemeinschaften betrachteten den illegalen Whisky als Teil ihrer Identität und Widerstandskultur gegenüber der Krone.

Der Konflikt um die Whisky-Steuern erreichte seinen Höhepunkt im 18. Jahrhundert, als die britische Regierung zunehmend aggressiver gegen Schwarzbrennereien vorging. Dennoch blieb die Nachfrage hoch, nicht nur in Schottland und Irland, sondern auch in den britischen Kolonien. Schottische Auswanderer brachten die Kunst des Destillierens nach Nordamerika, wo sie begannen, Whiskys auch aus anderen Getreidearten zu produzieren. Damit wurde Whisky endgültig zu einem globalen Phänomen.

Der Excise Act von 1823: Der Wendepunkt zur Legalisierung

Ein entscheidender Wendepunkt für die Whisky-Industrie kam im Jahr 1823 mit dem Excise Act. Bis dahin war der Großteil des in Schottland produzierten Whiskys illegal gebrannt worden. Doch mit diesem Gesetz machte die britische Regierung die legale Herstellung attraktiver: Brennereien konnten nun für eine erschwingliche Lizenzgebühr legal Whisky produzieren, während gleichzeitig strengere Strafen für illegale Destillation eingeführt wurden. Dies führte dazu, dass viele ehemalige Schwarzbrenner ihre Betriebe legalisierten und professionelle Produktionsmethoden einführten.

Abbildung 1.1 zeigt die Titelseite des Excise Act von 1823, das 52 Seiten lange Schriftstück der britischen Regierung zur Regulierung und Lizenzierung von Destillerien.

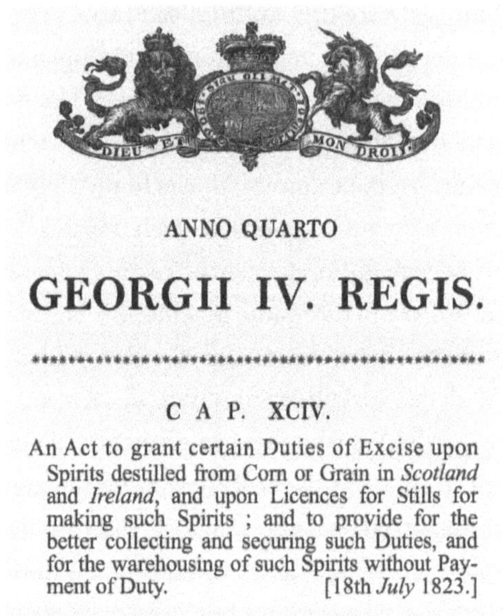

ANNO QUARTO

GEORGII IV. REGIS.

C A P. XCIV.

An Act to grant certain Duties of Excise upon Spirits destilled from Corn or Grain in *Scotland* and *Ireland*, and upon Licences for Stills for making such Spirits ; and to provide for the better collecting and securing such Duties, and for the warehousing of such Spirits without Payment of Duty. [18th *July* 1823.]

Abbildung 1.1 Titelseite des Excise Act von 1823

Dieser Wandel hatte mehrere langfristige Effekte:

- Die generelle Qualität der Abfüllungen verbesserte sich erheblich, da lizenzierte Brennereien modernere Produktionsmethoden und Lagerungstechniken einsetzten.
- Die Branche professionalisierte sich. Marken wie Glenlivet oder Macallan, die zu den ersten offiziell lizenzierten Destillerien Schottlands zählten, wurden Wegbereiter einer neuen Ära.
- Whisky entwickelte sich zunehmend zu einem wichtigen Exportgut, da die Produktion nun auf einer stabileren Grundlage stand und Händler international operieren konnten.

Mit dem Excise Act von 1823 begann der moderne Aufstieg des schottischen Whiskys, der ihn bis zum späten 19. Jahrhundert zu einer der weltweit führenden Spirituosen machte. Heute verdankt die Branche einen großen Teil ihres Erfolgs dieser Gesetzesreform, die den Übergang von der illegalen Brennerei zur international etablierten Industrie ermöglichte.

1.4 Whisky und die industrielle Revolution: Die Geburt der modernen Destillerie

Mit der industriellen Revolution im 19. Jahrhundert begann auch eine völlig neue Ära der Whiskyproduktion. Bis dahin war das Brennen ein handwerklicher, kleinteiliger Prozess – arbeitsintensiv und in seiner Kapazität begrenzt. Doch mit den technischen Fortschritten der Industrialisierung wurde es erstmals möglich, größere Mengen mit gleichbleibender Qualität herzustellen und die Produktion auf eine wirtschaftlich stabilere Basis zu stellen.

Die Einführung der Coffey Still: Ein Meilenstein der Destillationstechnik

Eine der bedeutendsten technologischen Entwicklungen dieser Zeit war die Einführung der Coffey Still im Jahr 1830. Ihr Erfinder Aeneas Coffey, ein irischer Ingenieur, entwickelte diese neue Form der Destillationsanlage, die eine kontinuierliche Destillation ermöglichte. Im Gegensatz zu den traditionellen Pot Stills, die jeweils nur in Chargen arbeiteten, konnte die Coffey Still ununterbrochen brennen und war dabei effizienter und schneller bei gleichzeitig geringerem Energieverbrauch.

Diese Innovation hatte mehrere tiefgreifende Auswirkungen auf die Whisky-Industrie:

- **Höhere Produktionskapazitäten:** Brennereien konnten größere Mengen an Whisky herstellen, was den Export und die weltweite Verbreitung begünstigte.
- **Gleichbleibende Qualität:** Durch die verbesserte Technik wurde die Destillation präziser, wodurch das Endprodukt homogener und reiner wurde.

- **Der Aufstieg des Blended Whisky:** Die Coffey Still ermöglichte die Produktion von Grain Whisky, der milder und neutraler war als traditioneller Malt Whisky. Dies führte in den folgenden Jahrzehnten zur Entstehung des Blended Whisky, bei dem Malt Whisky mit Grain Whisky kombiniert wurde, um einen zugänglicheren und massentauglicheren Whisky zu schaffen. Marken wie Johnnie Walker, Chivas Regal und Ballantine's profitierten enorm von dieser Entwicklung und machten den Blended Whisky im 19. Jahrhundert zu einem globalen Erfolgsprodukt.

Die Mechanisierung der Brennereien und der globale Export

Neben der Coffey Still bedeutete die industrielle Revolution weitere Fortschritte für die Whisky-Produktion. Dampfmaschinen boten eine effizientere Energieversorgung für Brennereien, während neue Transportwege wie Eisenbahnen und Dampfschiffe den weltweiten Export von Whisky erleichterten. Schottische Whisky-Hersteller nutzten diese Entwicklungen besonders effektiv, um ihre Produkte nach Amerika, Europa und Asien zu exportieren.

Auch die Einführung von Glasflaschen anstelle von Fässern als primäre Verpackungsform trug in der Folge zur Standardisierung und Markenbildung bei. Einheitliche Abfüllungen und Etikettierungen machten vor allem schottischen Whisky zu einem international anerkannten Produkt, das nicht mehr nur lokal oder auf Schmuggelwegen gehandelt wurde.

Irlands Ablehnung der neuen Technik – eine verpasste Chance?

Während die Schotten die Coffey Still mit offenen Armen empfingen und sie zur Produktion von Grain Whisky nutzten, lehnten viele traditionelle irische Brennereien die neue Technik ab. Die irischen Destillerien hielten an der Pot-Still-Technologie fest und sahen die Coffey Still als minderwertige Methode an, da sie einen „leichteren" Whisky produzierte. Diese konservative Haltung trug dazu bei, dass Irland seinen Vorsprung als Whisky-Nation verlor, während Schottland die Gelegenheit nutzte, um seine Produktion zu steigern und sich weltweit als Nummer 1 zu etablieren.

1.5 Der amerikanische Einfluss: Prohibition und das Überleben der Whisky-Industrie

In den frühen 1920er-Jahren erlebte die Whisky-Industrie in den USA eine ihrer dunkelsten Zeiten: die Prohibition. Zwischen 1920 und 1933 wurde durch den Volstead Act die Herstellung, der Verkauf und der Transport von Alkohol in den Vereinigten Staaten gesetzlich verboten. Dieses radikale Verbot traf nicht nur die heimischen Produzenten hart, sondern hatte auch weitreichende Konsequenzen für die internationalen Whisky-Märkte, insbesondere für schottische und irische Exporteure.

Vor der Prohibition hatte die amerikanische Whisky-Industrie floriert, insbesondere in Staaten wie Kentucky und Tennessee, die für ihre hochwertigen Bourbon- und Rye-Whiskys bekannt waren. Nun mussten zahlreiche Brennereien schließen oder sich anderen Geschäftsfeldern zuwenden. Während einige komplett aus dem Markt gedrängt wurden, schafften es wenige Produzenten zu überleben, indem sie sich auf die Herstellung von industriellem Ethanol oder medizinischem Whisky spezialisierten. Die US-Regierung erlaubte Apotheken, Whisky als Medikament auf Rezept zu verkaufen – eine Gesetzeslücke, die einigen Unternehmen half, am Leben zu bleiben.

Währenddessen hatten auch die großen Whisky-Nationen Europas mit den Folgen der Prohibition zu kämpfen. Schottische und irische Destillerien, die stark von Exporten in die USA abhängig waren, verloren einen ihrer wichtigsten Absatzmärkte. Viele schottische Brennereien sahen sich mit einem massiven Rückgang der Nachfrage konfrontiert, was zu Überproduktion, Preisdruck und der Schließung unzähliger Destillerien führte. Irische Whisky-Hersteller, die bereits durch den irischen Unabhängigkeitskrieg und Handelsbarrieren mit Großbritannien geschwächt waren, litten besonders stark. Während Schottland den amerikanischen Markt nach dem Ende der Prohibition schrittweise zurückeroberte, geriet Irland in eine deutlich tiefere und länger anhaltende Krise. Der Verlust des US-Absatzmarktes, politische Konflikte sowie Handelsbarrieren führten dazu, dass zahlreiche irische Brennereien schließen mussten – ein Rückschlag, von dem sich die Branche erst viele Jahrzehnte später erholte.

Trotz des Verbots blieb die Nachfrage nach Whisky in den USA aber bestehen, was einen florierenden Schwarzmarkt entstehen ließ. Kanada entwickelte sich zu einem bedeutenden Umschlagplatz für geschmuggelten Alkohol. Kanadische Brennereien profitierten zu dieser Zeit massiv vom illegalen Export in die Vereinigten Staaten.

Mit der Aufhebung der Prohibition im Jahr 1933 unter Präsident Franklin D. Roosevelt versuchten amerikanische Destillerien zwar, ihre Produktion wieder hochzufahren, doch die Realität erwies sich als ernüchternd. Viele Betriebe waren durch die jahrelange Stilllegung wirtschaftlich geschwächt oder bereits bankrott, die technischen Anlagen veraltet und qualifizierte Fachkräfte kaum noch vorhanden. Zusätzlich hatten sich in der Zwischenzeit die Trinkgewohnheiten der amerikanischen Bevölkerung verändert: Statt zu Whisky griffen viele Konsumenten nun verstärkt zu anderen Spirituosen wie Gin oder Rum, die sich schneller und günstiger herstellen ließen und daher den Markt unmittelbar nach der Prohibition dominierten.

Im Gegensatz dazu konnte die schottische Whisky-Industrie deutlich schneller auf die Produktions- und Exportstrukturen der Zeit vor der Prohibition zurückgreifen. Umfangreiche Lagerbestände, stabil gebliebene Lieferketten und eine bereits etablierte internationale Markenpräsenz ermöglichten es schottischen Produzenten, den US-Markt rasch erneut zu beliefern – zu einem Zeitpunkt, als amerikanische Brennereien ihre Produktion erst mühsam wieder aufbauen mussten.

Diese Ausgangslage verschaffte Schottland einen entscheidenden Wettbewerbsvorteil und legte den Grundstein für die weltweite Spitzenposition, die Scotch in den folgenden Jahrzehnten einnehmen sollte.

1.6 Whisky im 20. Jahrhundert: Vom Niedergang zur Renaissance

Nach dem Zweiten Weltkrieg sah sich die Whisky-Industrie mit einer Vielzahl neuer Herausforderungen konfrontiert. Während die Nachkriegszeit zunächst eine Phase wirtschaftlichen Aufschwungs und steigender Nachfrage mit sich brachte, begann sich in den 1970er- und 1980er-Jahren ein deutlicher Wandel abzuzeichnen. Der Geschmack der Konsumenten veränderte sich und Whisky, die einst unangefochtene Königsklasse der Spirituosen, geriet zunehmend unter Druck.

1.6.1 Die Krise der 1970er- und 1980er-Jahre: Die Konkurrenz durch neue Trends

In diesen Jahrzehnten verzeichnete der Konsum anderer Spirituosen wie Wodka und Rum einen starken Anstieg. Die jüngeren Generationen bevorzugten leichtere, mildere und einfacher zu mixende Getränke, was zu einem schrittweisen Rückgang der Whisky-Nachfrage führte. Wodka, insbesondere durch Marken wie Smirnoff oder Absolut, wurde zum Trendgetränk der westlichen Welt und dominierte vor allem in Cocktails und Longdrinks.

Parallel veränderte sich die Struktur der Branche: Fusionen und Übernahmen führten zur Entstehung internationaler Spirituosenkonzerne, während viele unabhängige Brennereien in wirtschaftliche Schieflage gerieten. Der Nachfragerückgang führte erneut zu einer Welle an Schließungen – allein in Schottland verschwanden in den 1980er-Jahren über 100 Destillerien vom Markt, darunter bekannte Namen wie Port Ellen und Brora, die erst Jahrzehnte später wiederbelebt wurden.

Ein weiterer Faktor für die Schwäche der Whisky-Industrie war der allgemeine gesellschaftliche Wandel in Bezug auf Alkoholkonsum. Strengere Alkoholgesetze, eine zunehmend gesundheitsbewusste Lebensweise und die Sorge vor den Auswirkungen übermäßigen Alkoholkonsums ließen den Absatz weiter sinken.

1.6.2 Die Renaissance des Whiskys: Qualität und Authentizität im Fokus

Ab den späten 1980er- und 1990er-Jahren begann sich das Blatt zu wenden. Whisky erlebte eine Wiedergeburt, die durch mehrere Schlüsselfaktoren beeinflusst wurde.

Qualität statt Masse: Die Rückkehr des Single Malt

Während Blended Whiskys über Jahrzehnte die Branche dominierten, begann sich in den 1990ern ein wachsendes Interesse an hochwertigen Single-Malt-Whiskys abzuzeichnen. Marken wie Macallan, Glenfiddich oder Ardbeg fokussierten sich verstärkt auf hochqualitative, gereifte Whiskys, die sich durch Komplexität und Handwerkskunst auszeichneten. Konsumenten begannen Whisky wieder als Genussmittel zu schätzen anstatt ihn nur als Mischgetränk zu konsumieren.

Das Aufkommen von Whisky-Sammlern und -Investoren

Mit der zunehmenden Nachfrage nach hochwertigen und limitierten Abfüllungen entwickelte sich Whisky immer mehr zu einem begehrten Sammel- und Investmentobjekt. Mit steigenden Auktionspreisen und wachsendem Medieninteresse wurde Whisky auch als Wertanlage entdeckt – eine Entwicklung, die sich ab den 2000er-Jahren noch deutlich verstärkte.

Die Expansion in neue Märkte

Besonders Asien und die USA wurden zu zentralen Wachstumsmärkten. Japanische Produzenten wie Yamazaki, Suntory und Nikka prägten einen eigenen Stil und trugen dazu bei, Whisky global neu zu definieren. Auch in China und anderen Schwellenländern stieg der Absatz rasant an, was die Branche beflügelte.

Neue Fassreifungstechniken und Experimente

Während traditionelle Ex-Bourbon- und Sherry-Fässer dominierten, begannen Brennereien mit Wein-, Rum-, Portwein- oder Cognacfässern zu experimentieren, um neue Geschmacksrichtungen zu kreieren. Diese Innovationen machten Whisky für eine neue Generation von Konsumenten spannend und halfen dabei, ihn als vielseitige Premium-Spirituose neu zu positionieren.

1.7 Whisky im 21. Jahrhundert: Eine globale Erfolgsgeschichte

Heute zählt Whisky zu den begehrtesten und wertvollsten Spirituosen weltweit. Die führenden Marken verzeichnen Umsätze in Milliardenhöhe und der Markt wächst stetig weiter. Während sich etablierte Produzenten wie Schottland, Irland oder die USA weiterentwickeln, treten gleichzeitig neue Whisky-Nationen wie Indien, Taiwan und Schweden in den Wettbewerb ein und bereichern die Whisky-Welt mit eigenen Stilen und Geschmacksprofilen.

Die Wiederbelebung alter Destillerien und die Gründung neuer Brennereien

Mit dem steigenden Interesse kamen die Investitionen: Traditionshäuser aus Schottland wie Port Ellen, Brora und Rosebank wurden wiedereröffnet, während neue unabhängige Brennereien – etwa Kilchoman oder Ardnamurchan – mit innovativen Konzepten und transparenter Produktion frischen Wind in die Szene brachten. Der sogenannte Craft-Whisky-Boom spiegelte den Wunsch vieler Konsumenten nach Authentizität und Handwerk wider.

Was vor nicht allzu langer Zeit als Krise begonnen hatte, entwickelte sich zu einer Revolution der Whisky-Industrie, in der Handwerkskunst, Innovation und globale Expansion Whisky stärker als je zuvor in den Mittelpunkt der Premium-Spirituosen rückten.

1.8 Schlüsselmomente und ihre Bedeutung für das Whisky-Investment

In den vergangenen Jahrzehnten hat sich Whisky von einer traditionsreichen Spirituose zu einem begehrten Anlageobjekt entwickelt. Mehrere historische Wendepunkte und Marktdynamiken haben diesen Wandel entscheidend geprägt.

Der Aufstieg der Single Malts (1980er bis 1990er): Whisky wird zum Luxusgut und Sammlerobjekt

Bis in die 1980er-Jahre galt Whisky vor allem in Form von Blends als Massenprodukt. Mit dem Aufstieg der Single Malts änderte sich die Wahrnehmung grundlegend. Destillerien wie Macallan, Dalmore oder Bowmore begannen hochwertige Single Malts gezielt für Kenner und Sammler zu produzieren.

Bedeutung für das Investment:

- Single Malts sind heute die bevorzugte Kategorie für Sammler und Anleger.
- Limitierte Abfüllungen aus den 1980er- und 1990er-Jahren haben ihren Wert meist vervielfacht.
- Brennereien erkannten den Sammlerwert und schufen gezielt exklusive Editionen als Wertobjekte.

Die Entwicklung des japanischen Whiskys (1990er-Jahre)

Während schottischer Whisky über Jahrhunderte dominierte, erlangten japanische Brennereien ab den 1990er-Jahren weltweite Anerkennung. Marken wie Yamazaki, Hibiki und Nikka gewannen renommierte Auszeichnungen und brachten einen eigenständigen Stil in die globale Whiskywelt ein.

Bedeutung für das Investment:

- Japanischer Whisky wurde zu einer der erfolgreichsten Luxusspirituosen der letzten Jahrzehnte.
- Limitierte Abfüllungen von Yamazaki, Karuizawa oder Hanyu erzielen Rekordpreise auf Auktionen.
- Die Knappheit japanischer Whiskys macht sie für langfristige Investments besonders attraktiv.

Der Boom der asiatischen Märkte (2010er-Jahre): Steigende Nachfrage und globale Wertsteigerung

Ab den 2010er-Jahren entdeckte die wachsende Mittelschicht in Asien – insbesondere in China, Indien und Taiwan – Whisky als Statussymbol. Was zuvor für Wein und Cognac galt, übertrug sich zunehmend auf Premium-Whiskys.

Bedeutung für das Investment:

- Asiatische Käufer treiben seitdem die Preise für Premium-Whiskys weltweit nach oben.
- Besonders alte und seltene Abfüllungen erleben eine deutliche Wertsteigerung.
- Die Nachfrage übersteigt vielerorts das Angebot – mit teils sprunghaften Preisanstiegen auf dem Sekundärmarkt.

Das Whisky-Investment als Wachstumsmarkt (2020er-Jahre und darüber hinaus): Ein stabiler, dynamischer Vermögenswert

In den letzten Jahren hat sich Whisky zu einer anerkannten alternativen Anlageklasse entwickelt – attraktiv für Privatanleger, aber zunehmend auch für institutionelle Investoren.

Bedeutung für das Investment:

- Auktionsrekorde: Einzelne Flaschen, wie der Macallan 1926, erzielten Preise von deutlich über zwei Millionen Euro.
- Fonds und Plattformen: Digitale Investmentplattformen und spezialisierte Fonds ermöglichen heute gezielte Investitionen in Whiskyflaschen und -fässer.
- Neue Produzenten: Neben Schottland, Irland und Japan treten Regionen wie Taiwan, Indien und Schweden in den Markt ein – und erweitern so das Spektrum.

Diese Schlüsselmomente haben Whisky von einem Konsumprodukt zu einer eigenständigen Anlageklasse gemacht. Wer die Entwicklung der Branche versteht, erkennt frühzeitig, welche Marken, Jahrgänge und Regionen das größte Potenzial besitzen – und welche Trends sich lediglich wiederholen.

Die Kombination aus limitierter Verfügbarkeit, steigender globaler Nachfrage und wachsender institutioneller Beteiligung macht Whisky zu einer der spannendsten alternativen Investmentmöglichkeiten unserer Zeit.

Zusammenfassung des Kapitels

Die Ursprünge des Whiskys reichen bis ins 15. Jahrhundert zurück, als erste Destillationen in Irland und Schottland dokumentiert wurden. Über die Jahrhunderte entwickelte sich Whisky von einer medizinischen Tinktur zu einer der bedeutendsten Spirituosen der Welt.

Die Besteuerung und Regulierung durch die britische Krone führte zu weitverbreiteter Schwarzbrennerei, bis der Excise Act von 1823 die legale Produktion förderte und die Grundlage für die moderne Whisky-Industrie legte. Mit der industriellen Revolution veränderten technologische Innovationen die Produktion grundlegend und ermöglichten die Herstellung von Blended Whiskys, die den globalen Markt eroberten.

Im 20. Jahrhundert prägten Krisen und Erneuerung die Branche: Die amerikanische Prohibition, der Absatzrückgang in den 1970er-Jahren und die darauffolgende Renaissance durch hochwertige Single Malts veränderten die Wahrnehmung des Whiskys grundlegend. Qualität, Authentizität und limitierte Editionen rückten in den Fokus – die Geburtsstunde des modernen Sammler- und Investorenmarktes.

Seit den 1990er-Jahren hat sich Whisky endgültig globalisiert. Neue Produktionsnationen etablierten sich, während insbesondere die asiatische Nachfrage den Markt nachhaltig veränderte und Preise auf dem Sekundärmarkt in neue Dimensionen trieb.

Heute ist Whisky ein kulturelles Erbe und Wirtschaftsgut zugleich – ein Investment, das auf Tradition und Knappheit beruht, aber von globaler Nachfrage und moderner Markenstrategie getragen wird.

2. Whisky verstehen: Herstellung, Stile und Herkunft im Überblick

Da sich der Wert eines Whiskys grundlegend aus der Herstellungsmethode – den enthaltenen Grundstoffen, den verwendeten Fässern sowie Dauer und Art der Lagerung – ergibt, ist es von besonderer Bedeutung für Investoren, über diese Prozesse Bescheid zu wissen. Nur wer Kenntnisse über wertbeeinflussende Faktoren besitzt, kann diese bei der späteren Auswahl von Investmentflaschen auch richtig einschätzen.

2.1 Vom Korn zum Glas – die Kunst der Whisky-Herstellung

Die Herstellung von Whisky ist ein faszinierender Prozess, der aus mehreren aufeinander abgestimmten Schritten besteht. Die Kunst der Whisky-Herstellung kombiniert Wissen über Rohstoffe, präzise Verarbeitung und Zeit. Es ist ein langwieriger Prozess, der zu den einzigartigen Aromen und Charakteristika des Whiskys führt. In Abbildung 2.1 sind die grundlegenden Schritte exemplarisch dargestellt.

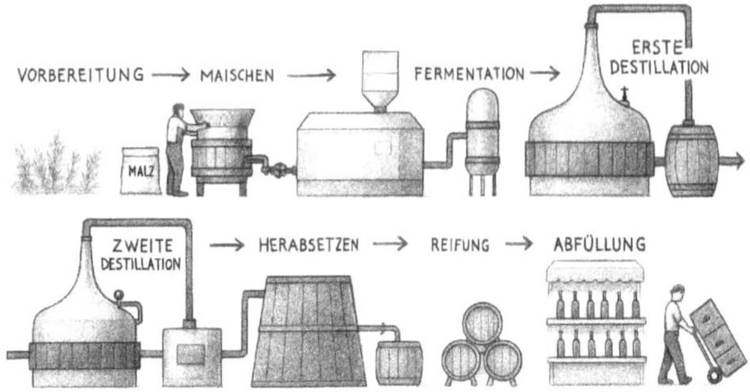

Abbildung 2.1 Schritte der Whiskyherstellung

1. Mälzen (Malting)

Der erste Schritt besteht darin, das Getreide, meist Gerste, zu „mälzen". Das Getreide wird in Wasser eingeweicht, um den Keimungsprozess zu starten. Dabei wandelt sich die Stärke im Korn in Zucker um, den die Hefe später vergären kann. Die gekeimte Gerste, das sogenannte Grünmalz, wird anschließend getrocknet – häufig über Heißluft, in einigen Regionen auch über Torfrauch, der dem Whisky einen charakteristischen rauchigen Geschmack verleiht. Nach dem Trocknen wird das Malz zu Grist (Malzmehl) vermahlen.

2. Maischen (Mashing)

Das Malzmehl wird mit heißem Wasser vermischt, um die Zuckermoleküle zu lösen. Dieser Prozess findet in einem großen Behälter statt, dem Maischebottich. Die heiße Flüssigkeit löst den Zucker aus dem Malz, wodurch die sogenannte Würze entsteht – eine süße Flüssigkeit, die den Zucker enthält, der später in Alkohol umgewandelt wird. Die unlöslichen Bestandteile der Maische, die Feststoffe, werden abgesiebt und oft als Tierfutter weiterverwendet.

3. Gärung (Fermentation)

In diesem Schritt wird die Würze in große Gärbehälter, sogenannte Washbacks, gefüllt und mit Hefe versetzt. Die Hefe fermentiert den

Zucker in der Würze und wandelt ihn in Alkohol und Kohlendioxid um. In Abhängigkeit vom gewünschten Stil dauert dieser Prozess zwischen zwei und vier Tagen. Am Ende entsteht eine trübe, bierähnliche Flüssigkeit, der Wash, mit einem Alkoholgehalt von rund sechs bis acht Prozent.

4. Destillation (Distillation)

Nach der Gärung wird der „Wash" in die Brennblase gefüllt und erhitzt. Da Alkohol bei einer niedrigeren Temperatur verdampft als Wasser, steigt der alkoholhaltige Dampf zuerst auf, wird in einem Kondensator verflüssigt und als Rohdestillat aufgefangen. Dies findet in der Regel entweder in Pot Stills oder in Column Stills statt.

Pot Stills werden fast ausschließlich aus Kupfer gefertigt und arbeiten diskontinuierlich. Jede Charge wird separat erhitzt, destilliert, gereinigt und erneut befüllt. Dieser Prozess ist zeitintensiv, aber er ermöglicht eine feinfühlige Steuerung durch den Brennmeister. Schon kleine Anpassungen – Temperaturführung, Schnittpunkte zwischen Vor-, Mittel- und Nachlauf, Form der Brennblasen – beeinflussen das Aromaprofil.

Kupfer spielt dabei eine Schlüsselrolle: Es bindet Schwefelverbindungen und sorgt für Reinheit und Tiefe im Destillat. Das Ergebnis sind oft öligere, vollmundige und vielschichtige Whiskys. Pot-Still-Destillation ist daher besonders typisch für Single Malt Scotch und andere Whiskys, die Charakter und Individualität betonen. Traditionell wird hierbei zwiefach destilliert.

Erste Destillation (Wash Still):
Der Wash wird erhitzt und der anschließend kondensierte Alkoholdampf als „Low Wine" gesammelt – ein Rohdestillat mit etwa 20 bis 25 Prozent Alkoholgehalt.

Zweite Destillation (Spirit Still):
Der „Low Wine" wird in eine zweite Brennblase geleitet und erneut destilliert. Dabei wird der Alkohol in drei Teile aufgeteilt: den Vorlauf, das Herzstück und den Nachlauf. Nur das Herzstück wird für die spätere Whiskyproduktion verwendet – es enthält die reinsten, ausgewogensten Aromen und den optimalen Alkoholgehalt (etwa 68 bis 72 Prozent) und ist frei von unerwünschten flüchtigen Verbindungen, die in Vorlauf und Nachlauf vorkommen.

Auch gibt es vereinzelte Destillerien, die eine „Triple Destillation" durchführen, also eine dreifache Destillation. Daraus resultiert ein feinerer und milderer Whisky. Diese Triple Destillation ist vor allem in Irland weit verbreitet.

Column Stills (auch Coffey Stills oder Continuous Stills genannt) arbeiten kontinuierlich, ohne dass die Anlage zwischen den Durchläufen geleert werden muss. Moderne Column Stills bestehen meist aus robustem Edelstahl, enthalten jedoch gezielt platzierte Kupferelemente, um die für Whisky wichtige Reaktion mit Schwefelverbindungen zu gewährleisten. Das Destillat fließt hierbei durch eine Serie von Platten oder Kammern, in denen Verdampfung und Kondensation mehrfach hintereinander stattfinden. Dadurch werden sehr hohe Alkoholgrade von bis zu 94 Prozent und eine sehr konstante Qualität erreicht.

Der „New Make" (Rohdestillat) ist klar, besitzt aber bereits ein fruchtiges, intensives Aroma. Seine Farbe und Tiefe erhält er jedoch erst während der Reifung im Eichenfass, wo er über Jahre hinweg Komplexität und Charakter entwickelt.

5. Reifung (Maturation/Aging)
Nach der Destillation wird der „New Make" mit Wasser auf etwa 63 Prozent Alkoholgehalt herabgesetzt und in Eichenfässer gefüllt. Dort

beginnt die eigentliche Verwandlung: Der Whisky reift mindestens drei Jahre (in Schottland gesetzlich vorgeschrieben) – meist jedoch deutlich länger – und entwickelt dabei Farbe, Aroma und Struktur.

Die Reifung erfolgt in speziellen Lagerhäusern, deren Klima, Luftfeuchtigkeit und Lage entscheidenden Einfluss auf den Charakter des Whiskys haben. Während dieser Zeit reagiert das Destillat mit dem Holz und nimmt Aromen wie Vanille, Karamell, Trockenfrüchte oder Gewürze auf.

Eine zentrale Rolle spielt dabei die Wahl des Fasses: Viele Whiskys lagern in Ex-Bourbon-Fässern, andere in Ex-Sherry-, Portwein- oder Weinfässern. Manche werden zudem in mehreren Fassarten nachgereift – ein Prozess, der als Finishing bezeichnet wird und zusätzliche Geschmacksnuancen hervorbringt.

Im Gegensatz zu Wein reift Whisky nach der Abfüllung nicht in der Flasche weiter, sondern ausschließlich im Fass. Daher sind die Fasszeit und die Bedingungen, unter denen sie stattfindet, maßgeblich für die Qualität und den Charakter des Endprodukts.

Um das Angebot steigern und so die wachsende Nachfrage bedienen zu können, haben viele Destillerien das Sortiment auf jüngere Whiskys umgestellt. Aus diesem Grund werden immer mehr Abfüllungen ohne Altersangabe auf den Markt gebracht. Die Abfüllungen mit Altersangabe werden seit etwa 2010 somit immer seltener. Steht kein Alter auf einer Flasche, bedeutet dies, dass der Whisky mindestens drei Jahre und einen Tag alt sein muss, denn andernfalls dürfte er sich nicht Whisky nennen.

Sie sehen, dass der Faktor Zeit durch die Destillerien auf diese Weise zu großen Teilen verschleiert wurde. Gleichwohl wurden die Verkaufspreise durch die Destillerien jedoch mindestens beibehalten.

Dies wird sicherlich auch der Grund dafür sein, dass die Abfüllungen mit Altersangabe bei Genießern, Sammlern und Investoren deutlich beliebter sind, was deren Preisentwicklung zusätzlich begünstigt.

Vertiefung: Reifungsprozess

Warum Eichenfässer?

Eiche ist das bevorzugte Holz für Whiskyfässer, weil sie porös genug ist, um einen kontrollierten Luftaustausch zuzulassen, gleichzeitig aber robust und langlebig ist. Während der Reifung verleiht sie dem Whisky charakteristische Aromen wie Vanille, Karamell, Nüsse und Gewürze.

Unterschiedliche Eichenarten erzeugen unterschiedliche Geschmacksprofile:

- Amerikanische Eiche sorgt für süße Noten von Vanille, Kokos und Honig.
- Europäische Eiche bringt kräftigere und würzige Aromen von Nüssen, Rosinen und Gewürzen hervor.
- Japanische Eiche führt zu eher bitteren und würzigen Geschmacksnoten.

Bei der Produktion werden die Fässer von innen mit direktem Feuer ausgebrannt. Dies sorgt dafür, dass das Holz mehr Aromen abgibt und gleichzeitig durch die Kohleschicht ein Filter entsteht, der den Whisky über die Jahre milder macht, da unangenehme Aromen, wie beispielsweise der alkoholische Geschmack, herausgefiltert werden. Es gibt mehr als zehn verschiedene Fassgrößen. Diese fassen in der Regel zwischen 50 Litern (Octave) und in der Spitze bis zu 650 Litern (Port Pipe). Überwiegend werden American Standard Barrels (ASB) mit einem Inhalt von 200 Litern verwendet, dicht gefolgt von den schottischen Hogsheads mit 250 Litern Fassungsvermögen.
Auch hier gilt: Je größer die Holzfläche (im Verhältnis zum Volumen), mit welcher der Whisky in Berührung kommt, desto mehr Aromen und Farbe kann das Holz an den Whisky abgeben. Zudem ist die Anzahl der Flaschen, die aus einem Fass gezogen werden, natürlich geringer, je kleiner das Fassungsvermögen ist.

So gibt es bei den begehrten Einzelfassabfüllungen bei kleinen Fässern folglich auch weniger Flaschen und ein geringes Angebot. Diese Seltenheit sorgt bei Single-Cask-Abfüllungen ebenfalls für eine oft hohe Preissteigerung.

Der Einfluss des Klimas auf die Reifung
Das Klima hat einen entscheidenden Einfluss auf die Geschwindigkeit und Qualität der Reifung. In warmen Regionen – etwa in Kentucky, Taiwan oder Indien – reift Whisky deutlich schneller, da Hitze den Austausch zwischen Holz und Destillat intensiviert. In kühleren Gegenden wie Schottland verläuft die Reifung dagegen langsamer und gleichmäßiger, wodurch feiner ausbalancierte Aromen entstehen.

Angel's Share – der Anteil der Engel
Während der Reifung verdunstet jedes Jahr ein Teil des Whiskys durch die Poren des Fasses – der sogenannte „Angel's Share". In Schottland liegt dieser Verlust bei etwa einem bis zwei Prozent pro Jahr, in tropischen Klimazonen kann er bis zu zehn Prozent betragen. Diese natürliche Verdunstung konzentriert die verbleibende Flüssigkeit und trägt wesentlich zur Entwicklung des Aromas bei.

Fassmanagement: Die Kunst der Nachreifung (Finishing)
Nach der Hauptreifung wird Whisky häufig in ein anderes Fass umgefüllt, um zusätzliche geschmackliche Tiefe und neue Nuancen zu entwickeln.
In den Poren des Holzes sind noch Rückstände und Aromen aus den zuvor darin gelagerten Flüssigkeiten – etwa Sherry, Port, Rum oder Wein – enthalten. Während der Nachreifung lösen sich diese Stoffe und gehen in den Whisky über. Dadurch entstehen komplexere Geschmacksprofile und oft auch eine intensivere Farbgebung.
Die Dauer des Finishing-Prozesses variiert je nach gewünschtem

Ergebnis von wenigen Monaten bis zu mehreren Jahren. Er verlangt viel Erfahrung und Feingefühl, da der Einfluss des Zweitfasses den Charakter des ursprünglichen Whiskys nicht überdecken sollte. Die Kunst des Fassmanagements besteht also darin, das Zusammenspiel von Holz, Flüssigkeit und Fassgeschichte so auszubalancieren, dass ein harmonisches Gesamtbild entsteht. Auswahl und Kombination der Fässer bestimmen letztlich den individuellen Stil und die Qualität einer Abfüllung.

Einfluss der Reifung auf den Marktwert
Die Dauer und die Qualität der Reifung zählen zu den wichtigsten Faktoren, die den Wert eines Whiskys bestimmen. Länger gereifte Whiskys sind oft komplexer und seltener, was ihren Preis steigert. Allerdings erreicht jeder Whisky irgendwann seinen Höhepunkt – eine zu lange oder falsche Fasslagerung kann das geschmackliche Gleichgewicht stören.

Für Investoren bedeutet das: Alter allein ist kein Garant für Qualität oder Wert, doch eine gekonnt gesteuerte Reifung kann den Unterschied zwischen „gut“ und „außergewöhnlich“ ausmachen.

6. Vermählung und Abfüllung (Blending and Bottling)
Nach der Reifung werden viele Whiskys vermählt, um ein konstantes Geschmacksprofil zu erzielen.

Bei Single Malt Whiskys werden dafür mehrere Fässer derselben Brennerei miteinander kombiniert. Diese Vermählung, auch Vatting genannt, dient dazu, den charakteristischen Stil der Brennerei zu bewahren und Jahrgangsschwankungen auszugleichen. Nur sogenannte Single-Cask-Whiskys stammen tatsächlich aus einem einzigen Fass.

Blended Whiskys hingegen bestehen aus einer Mischung verschiedener Malt und Grain Whiskys, häufig von unterschiedlichen Brennereien. Ziel ist ein ausgewogenes und reproduzierbares Aroma, das dem

Markencharakter entspricht (beispielsweise Johnnie Walker oder Chivas Regal).

Nach dem Blending ruht der Whisky oft noch in großen Marrying Tuns aus Holz oder Edelstahl, damit sich die einzelnen Aromen ausbalancieren. Danach wird er mit Wasser auf die gewünschte Trinkstärke verdünnt – üblicherweise zwischen 40 und 46 Prozent Alkoholgehalt. Vor der Abfüllung erfolgt meist eine Kaltfiltration (Chill Filtered), um Trübungen zu vermeiden, und in manchen Fällen eine Farbangleichung mit Zuckerkulör, einem bräunlichen Lebensmittelfarbstoff, bevor der Whisky in Flaschen gefüllt wird.

Relevanz für Investoren: Abfüllungen, die künstlich nachgefärbt wurden (Non-natural Colour), stehen bei Sammlern in der Regel niedriger im Kurs, da sie nicht die natürliche Farbe widerspiegeln und oft als weniger authentisch gelten.

2.2 Unterscheidungsmerkmale von Whisky

Nicht jeder Whisky eignet sich als Investment. Deshalb ist es wichtig zu verstehen, welche Typen, Rohstoffe und Herstellungsverfahren Einfluss auf Qualität und Wert haben. Es gibt einige wichtige Merkmale, anhand derer Whiskys unterschieden werden können.

2.2.1 Unterscheidung nach Art des Getreides

Das verwendete Getreide stellt die Grundbasis eines jeden Whiskys dar. Im Folgenden werden die wichtigsten Whiskyarten anhand der verwendeten Getreidesorten näher beschrieben.

Malt Whisky (Malzwhisky)

Malt Whisky wird ausschließlich aus gemälzter Gerste hergestellt und oft in kupfernen Pot Stills (Brennblasen) destilliert. Er zeichnet sich durch komplexe, vollmundige Aromen aus und bildet die Basis für viele schottische Whiskys.

Hauptgetreide: Gemälzte Gerste (100 Prozent)

Varianten: Single Malt (eine Brennerei) und Blended Malt (mehrere Brennereien)

Typischer Herkunftsort: Schottland, Japan, Irland

Grain Whisky (Getreidewhisky)

Im Gegensatz zu Malt Whisky kann Grain Whisky aus verschiedenen Getreidearten bestehen und wird oft in Column Stills destilliert, was zu einem leichteren, neutraleren Geschmack führt. Grain Whisky wird häufig für Blended Whiskys verwendet, da er sich gut mit Malt Whiskys mischt.

Hauptgetreide: Mais, Weizen oder ungemälzte Gerste

Typischer Herkunftsort: Schottland, Irland, USA

Rye Whisky (Roggenwhisky)

Rye Whisky bietet würzige, kräftige Noten mit einer gewissen Schärfe, die an Pfeffer und Gewürze erinnern. In den USA muss Rye Whisky mindestens 51 Prozent Roggen enthalten und in neuen, ausgekohlten Eichenfässern reifen; in Kanada hingegen ist die Bezeichnung weniger streng geregelt.

Hauptgetreide: Roggen (mindestens 51 Prozent)

Typischer Herkunftsort: USA, Kanada

Bourbon Whisky

Bourbon ist eine besonders Whiskysorte mit besonders süßlichen Aromen, die durch die Lagerung in neuen, ausgekohlten Eichenfässern verstärkt werden. Der hohe Maisanteil verleiht ihm seine charakteristische Weichheit und Fülle.

Hauptgetreide: Mais (mindestens 51 Prozent)

Typischer Herkunftsort: USA

Corn Whisky (Maiswhisky)

Corn Whisky wird überwiegend aus Mais hergestellt. Im Gegensatz zu Bourbon reift Corn Whisky meistens in gebrauchten oder unverkohlten Fässern, was zu einem milderen, süßeren Charakter führt.

Hauptgetreide: Mais (mindestens 80 Prozent)

Typischer Herkunftsort: USA

Wheat Whisky (Weizenwhisky)

Wheat Whisky ist leichter und weicher als andere Whiskys, mit milden, oft buttrigen und süßen Geschmacksnoten. Er eignet sich gut als Bestandteil von Blended Whiskys und wird auch als eigenständiger Stil produziert, insbesondere in den USA.

Hauptgetreide: Weizen (mindestens 51 Prozent)

Typischer Herkunftsort: USA, vereinzelt in Europa

2.2.2 Unterscheidung nach Art der Herstellung

Je nach Herstellungsverfahren entstehen unterschiedliche Whiskyarten, die sich in Geschmack, Qualität und Marktwert unterscheiden. Im Folgenden werden die wichtigsten Typen vorgestellt.

Single Malt Whisky

Ein Single Malt stammt ausschließlich aus einer einzigen Brennerei („Single") und wird nur aus gemälzter Gerste hergestellt. Die Destillation erfolgt typischerweise in Kupferbrennblasen (Pot Stills), meist zweifach, in Irland teilweise dreifach.

Während der Reifung in Eichenfässern entwickelt sich ein komplexes Aromenspektrum – von Malz, Honig und Vanille bis zu Trockenfrüchten oder Rauch. Der Charakter jedes Single Malt hängt stark von Brennverfahren, Wasserquelle, Hefestamm, Fassart und Lagerort ab.

Charakteristik: Single Malts bieten oft ein komplexes und reichhaltiges Geschmacksprofil und sind aufgrund ihrer hohen Qualität und Handwerkskunst besonders beliebt.

Relevanz für Investoren: Single Malts dominieren den Sammlermarkt – besonders Abfüllungen limitierter Editionen, Einzelfässer und Jahrgangswhiskys (Vintage Releases).

Single Grain Whisky

Auch ein Single Grain stammt aus nur einer Brennerei, kann jedoch verschiedene Getreidesorten enthalten – etwa Mais, Weizen oder ungemälzte Gerste.

Er wird nicht in Brennblasen, sondern in Säulenbrennapparaten (Column Stills) hergestellt, was eine kontinuierliche Destillation ermöglicht.

Single Grain Whiskys reifen meist in gebrauchten Bourbonfässern und dienen traditionell als Grundlage für Blended Whiskys. In den letzten Jahren haben sie jedoch als eigenständige Kategorie an Bedeutung gewonnen – vor allem durch gereifte Einzelfassabfüllungen.

Charakteristik: Häufig leichter und weicher im Geschmack als Single Malt, mit weniger intensiven Aromen.

Relevanz für Investoren: Gereifte Single Grains (30 Jahre und älter) sind zunehmend gefragt – noch unterschätzt, aber mit Potenzial.

Triple Distilled

Beim dreifach destillierten Whisky läuft das Destillat dreimal durch die Brennblasen, wodurch unerwünschte Bestandteile stärker abgeschieden werden. Das Ergebnis ist ein besonders reines, feines und mildes Destillat.

Dieses Verfahren ist typisch für Irland, wo Brennereien wie Midleton oder Bushmills auf diese Methode setzen. Auch einige schottische Brennereien, etwa Auchentoshan, nutzen die dreifache Destillation, um einen leichteren Stil zu erzeugen.

Charakteristik: Elegant, weich, rein, meist mit hellen Fruchtnoten.

Relevanz für Investoren: Triple Distilled Whiskys sind aufgrund ihres Stils beliebt bei Genießern und international gut vermarktbar, jedoch seltener geeignet als Sammlerobjekte. Bei Sammlern und Investoren sind vor allem charakterstarke Whiskys gefragt.

Peated Whisky (Torfrauchiger Whisky)

Peated Whisky ist kein eigener Typ, sondern bezeichnet Whiskys, deren Malz über Torffeuer getrocknet wurde. Dabei nimmt das Malz den typischen rauchigen und erdigen Geschmack auf.

Peated Whiskys sind besonders typisch für die schottische Insel Islay, aber auch Brennereien auf dem Festland produzieren torfige Varianten. Die Intensität hängt vom Trocknungsprozess und dessen Dauer ab.

Charakteristik: Hat einen markanten, rauchigen Geschmack, der an verkohltes Holz oder Lagerfeuer erinnert.

Relevanz für Investoren: Stark getorfte Whiskys aus ikonischen Brennereien wie Ardbeg, Laphroaig, Lagavulin oder Port Ellen genießen Kultstatus und erzielen Wertsteigerungen.

Double/Triple Wood beziehungsweise Finished Whisky

Hier wird der Whisky in mindestens zwei verschiedenen Fassarten gereift oder „gefinished". Nach einer bestimmten Reifezeit im ursprünglichen Fass wird der Whisky in ein anderes Fass – zum Beispiel ein Sherry-, Portwein- oder Rum-Fass – umgefüllt, um zusätzliche Aromen aufzunehmen.

Vor allem Schottland ist für diese Methode bekannt, aber sie ist auch in Irland und anderen Ländern zu finden.

Charakteristik: Ergibt oft ein komplexes und vielschichtiges Aromaprofil, das Einflüsse sowohl des Erstfasses als auch des Finish-Fasses vereint.

Relevanz für Investoren: Whiskys mit Nachreifung in Finish-Fässern sind bei Sammlern aufgrund ihrer geschmacklichen Komplexität und meist limitierten Abfüllung sehr gefragt.

2.2.3 Unterscheidung nach Art der Abfüllung

Neben Rohstoffen und Herstellungsverfahren prägt auch die Art der Abfüllung den Charakter eines Whiskys. Sie stellt daher ein weiteres wichtiges Unterscheidungsmerkmal dar.

Single Cask Whisky (auch Single Barrel Whisky genannt)

Ein Single Cask Whisky stammt aus einem einzigen Fass und wird nicht mit Whiskys aus anderen Fässern vermischt. Jede Abfüllung ist einzigartig, da die Reifung von Faktoren wie Fassart, Holzbeschaffenheit und Lagerbedingungen beeinflusst wird.

Viele Single Cask Whiskys werden in Fassstärke (Cask Strength) abgefüllt, also ohne Verdünnung – typischerweise mit 50 bis 65 Prozent Alkoholgehalt, je nach Alter und Reifungsbedingungen.

Charakteristik: Single Cask Whiskys bieten ein unverfälschtes, individuelles Geschmackserlebnis mit intensiven Aromen.

Relevanz für Investoren: Single-Cask-Abfüllungen sind stark limitiert und bei Sammlern wegen ihrer Einzigartigkeit besonders gefragt.

Blended Whisky

Blended Whisky ist eine Mischung aus mehreren Whiskys, die aus verschiedenen Brennereien und Fässern stammen können. Der Blend kann sowohl aus Malt Whiskys als auch Grain Whiskys bestehen.

Der Master Blender stellt das Verhältnis so zusammen, dass ein harmonischer Geschmack entsteht.

Charakteristik: Ausgewogen, zugänglich, oft mit weicher und leichter Struktur.

Relevanz für Investoren: Nur selten sammelrelevant – Ausnahmen sind historische oder limitierte Blends aus geschlossenen Brennereien.

Cask Strength Whisky

Cask Strength Whisky wird direkt mit Fassstärke abgefüllt, ohne dass er vorher auf Trinkstärke verdünnt wird. Er hat einen höheren Alkoholgehalt, typischerweise 50 bis 65 Prozent, und bietet den puren Geschmack des Whiskys.

Viele Genießer verdünnen ihn selbst leicht mit Wasser, um Aromen besser zu öffnen.

Charakteristik: Besonders intensives und kraftvolles Aroma mit hoher Geschmacksdichte.

Relevanz für Investoren: Fassstarke Abfüllungen gelten als hochwertig und sind oft limitierte Sammlerstücke.

Wichtig zu erwähnen ist, dass es sich bei solchen Abfüllungen um Original-Abfüllungen (OB – Official Bottling) handelt, also solche, die von der produzierenden Destillerie selbst abgefüllt und unter ihrem eigenen Namen verkauft werden.

Aus der Perspektive von Genießern gibt es unzählige interessante Flaschen von unabhängigen Abfüllern (IB – Independent Bottling). Das sind Abfüller, die Whiskyfässer von Destillerien kaufen und unter ihrer eigenen Marke abfüllen und auf den Markt bringen. Ein Beispiel hierfür ist Signatory Vintage. Historisch betrachtet waren die finanziellen Erfolgsaussichten mit Original-Abfüllungen jedoch nachweislich höher.

Relevanz für Investoren: Die Lagerung in außergewöhnlichen Fässern (zum Beispiel seltene Weinfässer oder sogenannte First-Fill-Fässer, das heißt solche, die erstmals mit Whisky befüllt werden) kann den Sammlerwert einer Abfüllung deutlich erhöhen.

2.2.4 Unterscheidung nach geografischer Herkunft

Die Herkunftsregion beeinflusst den Geschmack und den Stil eines Whiskys maßgeblich, da Klima, Wasserquellen und lokale Traditionen eine wichtige Rolle bei Herstellung und Lagerung spielen. Auch die Schreibweise unterscheidet sich je nach Herkunft – Whisky (in Schottland, Kanada, Japan) versus Whiskey (vor allem in Irland und den USA).

Sehen wir uns die wichtigsten Whisky produzierenden Länder samt ihren individuellen Bräuchen an.

1. Schottland: Der Scotch

Schottland gilt als die Wiege des Whiskys und als Heimat des weltweit renommierten Scotch. Damit ein Whisky als Scotch Whisky bezeichnet werden darf, muss er in Schottland destilliert und mindestens drei Jahre lang in Eichenfässern mit höchstens 700 Litern Fassungsvermögen in Schottland gereift sein. Das Endprodukt muss einen Mindestalkoholgehalt von 40 Prozent aufweisen.

Die Abfüllung erfolgt in der Regel in Schottland, kann jedoch auch im Ausland stattfinden, sofern der Whisky unverändert bleibt.

Schottland unterteilt sich in fünf offizielle Whisky-Regionen – Highlands, Lowlands, Speyside, Islay und Campbeltown – jede mit charakteristischen Stilrichtungen:

- Speyside: fruchtig, elegant, oft sherrygereift (zum Beispiel Macallan, Glenfiddich)
- Islay: torfig, rauchig, maritim (zum Beispiel Ardbeg, Lagavulin)
- Highlands: vielseitig, malzig bis würzig (zum Beispiel Glenmorangie, Dalmore)
- Lowlands: leicht, floral, zugänglich (zum Beispiel Auchentoshan)
- Campbeltown: salzig, ölig, kräftig (zum Beispiel Springbank)

Besonders Single Malt Scotch Whiskys genießen auf dem internationalen Markt hohes Ansehen und zählen zu den gefragtesten Anlageobjekten im Whisky-Segment.

Vertiefung: Whisky-Regionen in Schottland

Speyside

Speyside ist das Herz der schottischen Whiskyproduktion und

beheimatet über die Hälfte aller Destillerien des Landes, darunter The Macallan, Glenfiddich und The Glenlivet. Die Whiskys dieser Region sind bekannt für ihre fruchtigen, süßen und eleganten Aromen, oft mit Noten von Apfel, Honig und Sherry. Durch ihren harmonischen Stil und die Vielzahl limitierter Abfüllungen zählen Speyside-Malts zu den beliebtesten und wertstabilsten Sammlerobjekten.

Islay

Die kleine Insel Islay im Westen Schottlands ist weltberühmt für ihre stark torfigen, rauchigen und maritimen Whiskys. Brennereien wie Ardbeg, Laphroaig, Lagavulin oder Bowmore haben Kultstatus erreicht.

Der intensive Rauchgeschmack entsteht durch das Trocknen des Malzes über Torffeuer – kombiniert mit salziger und jodhaltiger Meeresluft.

Limitierte Abfüllungen aus Islay erzielen regelmäßig Höchstpreise auf Auktionen und gelten als feste Größe im Whisky-Investmentmarkt.

Highlands

Die Highlands bilden die flächenmäßig größte Whisky-Region und umfassen eine enorme Vielfalt an Stilen – von leichten, fruchtigen Malts im Osten bis zu würzigen und leicht torfigen im Westen. Bekannte Brennereien wie Glenmorangie, Dalmore oder Oban repräsentieren diese Bandbreite. Highland-Whiskys verbinden Tradition, Qualität und Vielseitigkeit – und sind damit auch eine solide Basis für langfristige Investments.

Lowlands

Die Lowlands stehen für leichte, elegante und florale Whiskys, die häufig dreifach destilliert werden.

Brennereien wie Auchentoshan, Glenkinchie und Bladnoch produzieren zugängliche Whiskys mit feiner Süße und zarten Aromen. Obwohl Lowland-Malts lange im Schatten anderer Regionen standen, gewinnen sie durch neue, unabhängige Brennereien wieder an Bedeutung – ein aufstrebender Markt für Entdecker.

Campbeltown
Einst mit über 30 Brennereien das Zentrum der schottischen Whisky-Industrie, beherbergt der Ort heute nur noch drei: Springbank, Glen Scotia und Glengyle (Kilkerran). Einige neue Destillerien verfolgen jedoch Pläne, sich wieder in dieser Region anzusiedeln. Campbeltown-Whiskys zeichnen sich durch ihren maritimen, leicht öligen und würzigen Charakter aus und sind aufgrund ihrer Seltenheit hochgeschätzt.
Die geringe Produktionsmenge und der handwerkliche Stil machen Campbeltown-Malts zu gesuchten Raritäten auf dem Sammlermarkt.

Abbildung 2.2 Whisky-Regionen in Schottland

2. Irland: Irish Whiskey

Irland gilt als die Heimat des milden, harmonischen Whiskeys. Viele irische Whiskeys werden dreifach destilliert, was ihnen eine besonders weiche, reine Textur verleiht.

Laut der geschützten Herkunftsbezeichnung darf nur als Irish Whiskey bezeichnet werden, was mit einer Maische aus gemälztem und/oder ungemälztem Getreide hergestellt, in Irland destilliert, mindestens drei Jahre in Holzfässern gereift und mit mindestens 40 Prozent Alkoholgehalt abgefüllt wurde.

Bekannte Marken wie Jameson, Redbreast oder Teeling prägen diesen Stil.

Der irische Whiskey-Markt erlebt seit Jahren eine Renaissance, getrieben durch neue Brennereien und Premium-Abfüllungen – eine spannende Nische für Investoren mit möglicherweise hohem Wachstumspotenzial.

3. USA: Bourbon, Rye und Corn

In den USA wird Whiskey zur Handwerkskunst. Bourbon muss zu mindestens 51 Prozent aus Mais bestehen und in neuen, ausgekohlten Eichenfässern reifen, was ihm seine typischen süßen Noten von Vanille, Karamell und Honig verleiht.

Der etwas neutralere Corn Whiskey wird hingegen aus mindestens 80 Prozent Mais erzeugt und meist in bereits gebrauchten Eichenfässern gelagert.

Rye Whiskey, hergestellt aus mindestens 51 Prozent Roggen, bietet würzig-kräftige Aromen mit Pfeffer- und Gewürznoten.

Ikonische Marken wie Buffalo Trace, Pappy Van Winkle oder Blanton's erzielen auf Auktionen Rekordpreise.

Relevanz für Investoren: Gereifte Small-Batch- und Single-Barrel-Bourbons zählen zu den wertstabilsten amerikanischen Sammlerobjekten.

4. Japan: Der Aufstieg des japanischen Whiskys

Seit den 1920er-Jahren hat sich Japan zu einer der führenden Whisky-Nationen entwickelt. Japanischer Whisky verbindet schottische Brenntradition mit japanischer Präzision – fein, ausbalanciert und detailverliebt. Marken wie Yamazaki, Hibiki und Nikka gewinnen regelmäßig internationale Auszeichnungen.

Die 2021 eingeführte Herkunftsregelung stärkt das Vertrauen in Authentizität und Qualität. Seltene Jahrgänge und limitierte Editionen haben den japanischen Markt in einen der dynamischsten Investmentsektoren verwandelt.

5. Kanada: Der unterschätzte Whisky-Markt

Kanadischer Whisky ist bekannt für seine weichen, cremigen und zugänglichen Aromen, meist auf Basis von Mais und Roggen.

Trotz geringerer internationaler Beachtung erfüllt er hohe Qualitätsstandards: mindestens drei Jahre Reifung, mindestens 40 Prozent Alkoholgehalt, meist als Blend produziert.

Marken wie Crown Royal oder Lot No. 40 stehen für diesen Stil.

Für Sammler interessant sind limitierte Abfüllungen und gereifte Single Casks, die zunehmend Beachtung auf dem internationalen Markt finden.

Hinter jedem großen Whisky steht somit ein Herkunftsland mit seiner Tradition, eine Region mit unverwechselbarem Charakter und eine Destillerie mit eigener Geschichte, Philosophie und Handschrift.

Ob traditionsreich, innovativ oder familiengeführt – jede Destillerie prägt den Stil ihrer Abfüllungen auf einzigartige Weise.

In Tabelle 2.1 ist eine Auswahl der bekanntesten Whisky-Destillerien weltweit aufgeführt – mit ihrem Herkunftsland und Gründungsjahr –, die verdeutlicht, wie vielfältig und global die Welt des Whiskys heute ist.

Destillerien	**Land**	**Gründung**
Glenfiddich	Schottland	1886
Glenlivet	Schottland	1824
Macallan	Schottland	1824
Johnnie Walker	Schottland	1820
Highland Park	Schottland	1798 / 1826
Ardbeg	Schottland	1815
Bowmore	Schottland	1779
Jameson	Irland	1780
Bushmills	Irland	1784
Teeling	Irland	2015
Midleton	Irland	1825
Jack Daniel's	USA	1866
Jim Beam	USA	1795 / 1933
Buffalo Trace	USA	1775
Van Winkle	USA	1935
Yamazaki	Japan	1923
Hibiki	Japan	1989
Hakushu	Japan	1973
Nikka	Japan	1934
Chichibu	Japan	2004 / 2008
Kavalan	Taiwan	2005
Amrut	Indien	1948
McDowell's No.1	Indien	1826 / 1968
Crown Royal	Kanada	1939
Mackmyra	Schweden	1999
St. Kilian Distillers	Deutschland	2012 / 2016

Tabelle 2.1 Weltweit bekannte Whisky-Destillerien

Abbildung 2.3 zeigt die weltweit führenden Exportnationen von Whisky – gemessen an deren Exportwerten in US-Dollar.

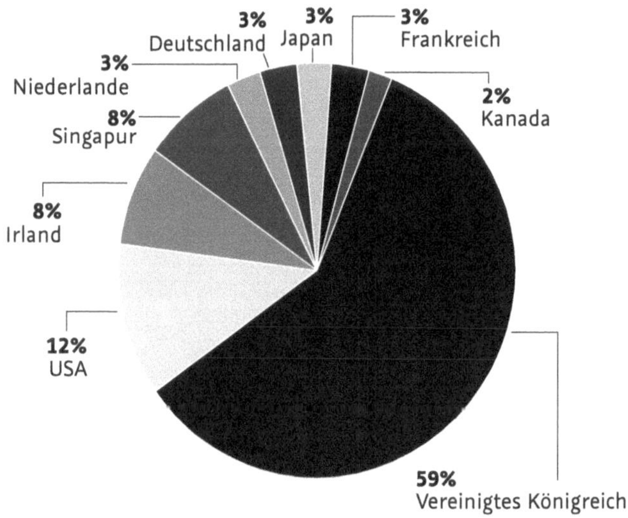

Abbildung 2.3 Whisky-Exportnationen

Diese Daten verdeutlichen, welche Länder den globalen Markt dominieren und wie groß der internationale Einfluss ihrer jeweiligen Whisky-Industrien ist.

Eine Anmerkung zu Singapur: Das Land hat zwar keine nennenswerte Whiskyproduktion, fungiert aber als ein Handelszentrum für den asiatischen Markt.

Warum ist das für Investoren relevant?

Länder mit hohen Exportvolumina verfügen in der Regel über etablierte Marken, eine stabile Auslandsnachfrage und effiziente Vertriebsstrukturen. Diese Faktoren sind entscheidend für die Wertbeständigkeit und das langfristige Wachstumspotenzial eines Whisky-Investments.

Da der mit Abstand größte Teil der weltweiten jährlichen Whiskyproduktion aus Schottland stammt, zeigt Abbildung 2.4, wie sich das Exportvolumen in Flaschen (0,7 Liter Flaschenäquivalent) anteilsmäßig auf verschiedene Arten von Whisky verteilt – vom klassischen Blended Scotch bis hin zum begehrten Single Malt.

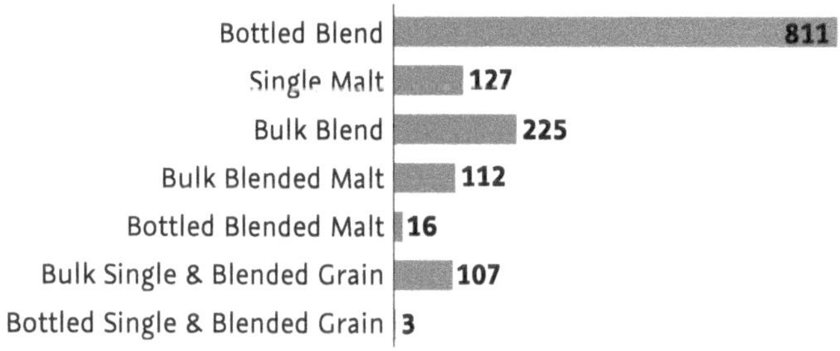

Abbildung 2.4 Schottlands Whisky-Exportvolumen (0,7 Liter Flaschenäquivalent) nach Kategorie

Sie erkennen hier, dass rund drei Viertel des aus Schottland exportierten Whiskys Blended Whiskys sind. Nur etwa zehn bis zwölf Prozent entfallen auf Single Malt Scotch – jene Kategorie, die weltweit als Königsklasse des Whiskys gilt.

In Abbildung 2.5 sehen Sie, wie sich dasselbe Exportvolumen in Bezug auf den Exportwert in Dollar verteilt.

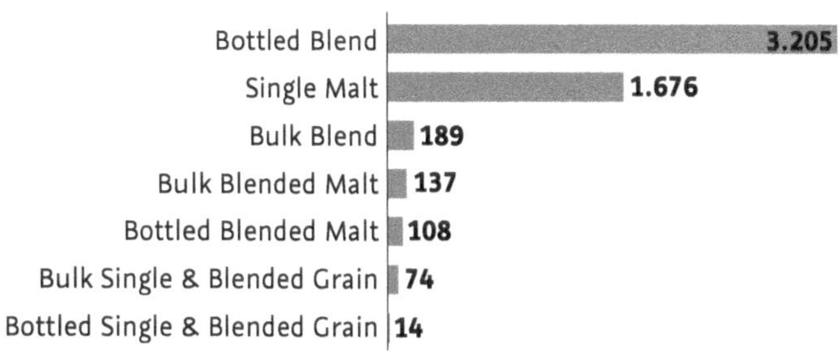

Abbildung 2.5 Schottlands Whisky-Exportwert in Mio. Dollar nach Kategorie

Wie eindeutig zu erkennen ist, entfällt auf den relativ geringen Anteil produzierten Single Malt Scotch Whisky ein Drittel des gesamten Exportwertes. Dies unterstreicht, dass Single Malt Scotch international besonders nachgefragt ist und Käufer auch bereit sind, dafür einen erheblichen Preisaufschlag zu bezahlen.

Dieses Wissen über Getreidearten, Destillationsverfahren und Herkunftsregionen ist nicht nur für Genießer von Bedeutung, sondern bildet auch die Grundlage, um Whiskys fundiert zu bewerten, Marktchancen zu erkennen und langfristig wertstabile Investmententscheidungen zu treffen.

Nachdem Sie nun über das relevante Grundwissen zum Whisky verfügen, widmen wir uns im nächsten Kapitel den Grundprinzipien des Investierens. Dort erwarten Sie bewährte Strategien legendärer Investoren und wertvolle Zusammenhänge der Kapitalmärkte, die Ihnen neue Perspektiven auf nachhaltigen Vermögensaufbau eröffnen.

Zusammenfassung des Kapitels

Whisky verdankt seinen Wert nicht dem Zufall. Er entsteht aus Rohstoffen (Getreide, Wasser, Hefe), aus abgestimmten Prozessschritten (Mälzen, Maischen, Gären, Destillieren), aus Zeit im Eichenfass – und aus Herkunft und Marke. Wer diese Hebel kennt, kann Qualität besser einschätzen und Investitionschancen gezielt nutzen.

Herstellung in aller Kürze

Aus vergorenem „Wash" (circa sechs bis acht Prozent Alkoholgehalt) entsteht durch Destillation der New Make (Herzstück meist 68 bis 72 Prozent Alkoholgehalt). Malt wird überwiegend in Pot Stills zweifach gebrannt (teilweise dreifach), Grain kontinuierlich in Column Stills (bis etwa 94 Prozent Alkoholgehalt). Farbe und Tiefe entstehen erst im Fass: Der New Make wird häufig auf circa 63 Prozent Alkoholgehalt verdünnt und reift mindestens drei Jahre (in Schottland rechtlich vorgeschrieben), meist deutlich länger.

Reifung als Werttreiber: Eichenfässer prägen die Aromen (Vanille, Karamell, Gewürze) und Strukturen. Das Klima beeinflusst das Tempo der Reifung (Angel's Share meist ein bis zwei Prozent pro Jahr in Schottland; deutlich mehr in warmen Regionen). Non-Chill-Filtered, Natural Colour und Cask Strength signalisieren Authentizität – ein Plus im Sammlermarkt.

Vom Fass in die Flasche: Mehrere Fässer werden zu einem Hausstil vermählt (Marrying Tuns), anschließend auf 40 bis 46 Prozent Alkoholgehalt verdünnt oder als Cask Strength abgefüllt. Künstliche Nachfärbung (Zuckerkulör) wird von Sammlern skeptisch gesehen und wirkt preismindernd.

Kategorien und Unterscheidung:

- Nach Getreide
- Nach Herstellung

- Nach Abfüllung
- Nach Herkunft

Am Weltmarkt dominiert mengenmäßig Blended Scotch, während Single Malt Scotch überproportional zum Wert beiträgt.

Wichtige Punkte für Investoren

- Zeit und Fass zählen erheblich: Reifung (First-Fill, Sherry-Prägung, passendes Klima) erhöht oft Begehrlichkeit und Preis.
- Qualitätsmerkmale: Age Statement, Single Cask, Cask Strength, Natural Colour, Non-Chill-Filtered (Pluspunkte auf dem Sekundärmarkt).
- Marke und Herkunft: Ikonische Brennereien/Regionen dominieren Auktionen und die Preissetzung.
- No-Age-Statement-Trend (NAS): Mehr Abfüllungen ohne Altersangabe; Age-Statement-Whiskys werden relativ betrachtet knapper – oft vorteilhaft für die Wertentwicklung.
- Marktstruktur: Menge ≠ Wert – Blended Whiskys dominieren das Volumen, Single Malt Whiskys den sammlerrelevanten Wert.

3.
Das kleine Einmaleins des Investierens: Strategien, Psychologie und Märkte

Dieses Kapitel wird die zentralen Grundlagen beleuchten, die Sie verstehen sollten, bevor Sie Whisky als Investment Ihrem Portfolio hinzufügen. Ziel ist es, das Fundament zu verstehen, auf dem unsere heutigen Finanzmärkte und Investitionsentscheidungen beruhen: das moderne Schuldgeldsystem.

Seit dem Ende des Goldstandards in den 1970er-Jahren basiert unser Geldsystem auf sogenanntem Fiatgeld – also Geld, das nicht mehr durch reale Werte wie Gold gedeckt ist, sondern ausschließlich auf dem Vertrauen in Staaten und Zentralbanken beruht.

Der Begriff „Fiat" stammt aus dem Lateinischen und bedeutet sinngemäß „Es werde". Geld entsteht heute also nicht durch einen materiellen Gegenwert, sondern durch Schuldenschöpfung.

Sobald eine Person einen Kredit aufnimmt – für eine Immobilie, ein Auto oder ein Unternehmen –, entsteht neues Buchgeld. Dieses erscheint als Guthaben auf einem Konto, obwohl ihm kein realer Wert gegenübersteht.

Es ist Geld aus dem Nichts, das auf Rückzahlung mit Zins basiert.

Geld = Schulden + Zinsverpflichtung

Jeder Euro, der durch Kreditvergabe entsteht, muss inklusive Zinsen zurückgezahlt werden. Das bedeutet: Es muss mehr Geld zurückgezahlt werden, als ursprünglich geschaffen wurde.

Damit das System funktioniert, müssen also ständig neue Kredite aufgenommen werden – durch Staaten, Unternehmen oder Privatpersonen. Diese Dynamik erzeugt ein permanentes Wachstumsbedürfnis und macht das System strukturell abhängig von stetiger Geldschöpfung.

Wenn die Kreditvergabe stagniert, drohen Deflation, Zahlungsausfälle oder Rezessionen.

Inflation als systemische Folge

Ein unvermeidlicher Effekt dieser Mechanik ist Inflation. Wenn die Geldmenge langfristig schneller wächst als die reale Wirtschaftsleistung, verliert Geld nach und nach an Kaufkraft. Historisch gesehen hat sich die Kaufkraft von Währungen wie dem US-Dollar seit den 1970er-Jahren oder dem Euro seit seiner Einführung drastisch verringert.

Dieses Verständnis des Geldsystems ist die Grundlage, um zu begreifen, warum Sachwerte wie Whisky, Immobilien oder Edelmetalle in unserem aktuellen Schuldgeldsystem immer stärker an Bedeutung gewinnen.

Ein Beispiel: Der Big Mac Index

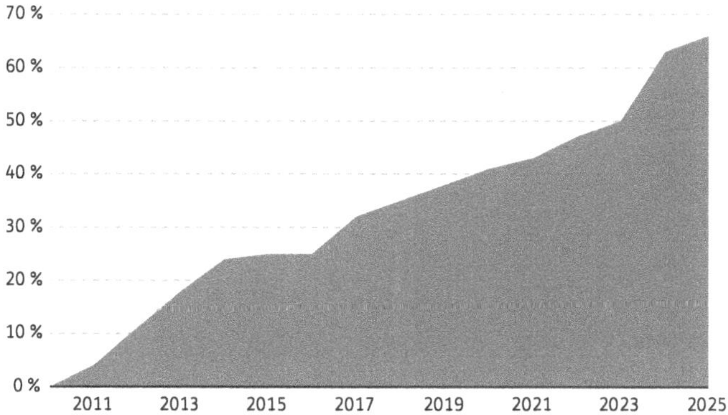

Abbildung 3.1 Big Mac Index

Als McDonald's den Big Mac 1967 in den USA einführte, kostete er 45 Cent. Heute liegt der Durchschnittspreis bei rund sechs Dollar.

Dieses Beispiel verdeutlicht den Verfall der Kaufkraft besonders anschaulich: Für den gleichen Burger muss heute etwa das Dreizehnfache an Fiatgeld bezahlt werden. Allein zwischen 2010 und 2024 stieg der Preis eines Big Mac um über 60 Prozent.

Was man 1970 für einen Dollar kaufen konnte, kostet heute meist das Acht- bis Zehnfache – und das trotz technologischen Fortschritts und gestiegener Produktivität.

Diese Entwicklung – der eigentliche Motor der schleichenden Enteignung – ist im Wesentlichen auf die Ausweitung der Geldmenge zurückzuführen. Ein Blick auf die Geldmenge M2, die von der US-Zentralbank (Federal Reserve) regelmäßig veröffentlicht wird, zeigt einen massiven Anstieg über die vergangenen Jahrzehnte. Diese Geldmenge M2 misst die Menge des in einer Volkswirtschaft verfügbaren Geldes, das rasch in Konsum oder Investitionen fließen kann – also liquide Geldmittel, die unmittelbar zu Wertschöpfung oder Inflation führen können.

Diese und ähnliche Kennzahlen werden uns auch in den folgenden Kapiteln wieder begegnen, wenn wir den Einfluss der Geldmengenausweitung auf die Entwicklung allgemeiner Vermögenspreise und die Korrelation mit Whiskypreisen betrachten. Abbildung 3.2 zeigt die Entwicklung die Geldmenge M2 des Dollar seit Januar 1959.

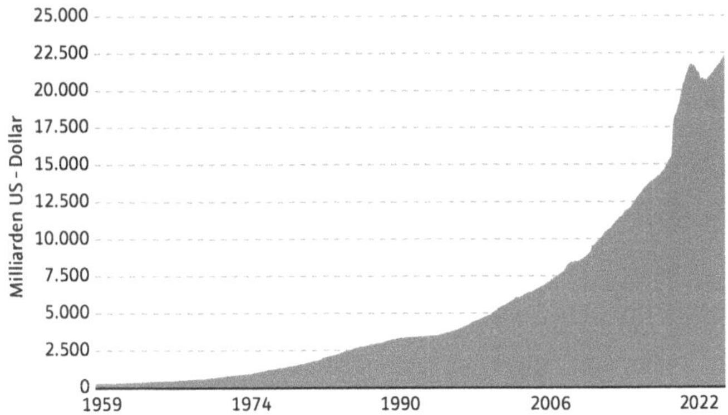

Abbildung 3.2: Geldmenge M2 des US-Dollar

Diese Geldmengenausweitung schlägt sich in steigenden Preisen nieder. Die Waren und Dienstleistungen selbst werden nicht von Natur aus teurer – sie passen sich lediglich dem sinkenden Wert des Geldes an.

Verschiedene Wirtschaftstheorien beschreiben detailliert, in welcher Art und Weise die Ausweitung von Fiatgeld und die Steuerung der Zinsen langfristig Vermögen und Wirtschaft beeinflussen. Eines ist jedoch klar: Mehr Geld zu drucken schafft keinen Wohlstand – genauso wenig, wie das Austeilen von Diplomen Menschen automatisch klüger macht.

Im Ergebnis wird die Kaufkraft von Sparern zu Investoren umverteilt. Wer reale Vermögenswerte hält – wie Immobilien, Aktien oder Sachwerte wie Whisky –, profitiert, während Geldvermögen schleichend an Wert verliert.

Ein anschauliches Beispiel für Geldentwertung:
Hätten Sie im Jahr 1967 ein Sparbuch eröffnet und 10.000 Dollar zu jährlich vier Prozent Zinsen (mit Zinseszins) bis 2025 liegen lassen, wäre daraus eine Summe von rund 97.500 Dollar angewachsen.

Auf den ersten Blick klingt das beeindruckend – fast eine Verzehnfachung des Guthabens. Doch die Realität sieht anders aus.

1967 konnten Sie für 10.000 Dollar etwa 22.000 Big Macs kaufen (Preis damals: 0,45 Dollar).

Mit Ihren 97.500 Dollar bekommen Sie, bei einem aktuellen Durchschnittspreis von etwa sechs Dollar, heutzutage nur noch rund 16.250 Big Macs.

Trotz jahrzehntelanger solider Verzinsung auf dem Sparbuch hätten Sie also rund 26 Prozent Ihrer Kaufkraft verloren. Anders gesagt: Sie wären real ärmer geworden, obwohl sich Ihr Guthaben fast verzehnfacht hat.

Dieses Beispiel verdeutlicht: In unserem heutigen Geldsystem reicht Sparen allein nicht aus, um Vermögen real zu erhalten. Wer sein hart erarbeitetes Geld schützen möchte, muss investieren – in Werte, die substanziell und inflationsresistent sind. Selbstverständlich könnte sich das Geldsystem in Zukunft weiterentwickeln oder verändern. Aktuell ist Investieren jedoch der einzige Weg, um nicht zu den schleichenden Verlierern der Geldentwertung zu gehören.

Dieser kurze Exkurs soll vor allem die grundlegende Bedeutung des Investierens unterstreichen. Eine tiefere Analyse von Fiskalpolitik, Zinssätzen oder geldpolitischen Mechanismen würde den Rahmen dieses Buches sprengen – und ist für das grundlegende Verständnis von Whisky-Investments auch schlichtweg nicht erforderlich.

Bevor wir die Grundlagen des Investierens näher betrachten, sollten wir vorab nochmals definieren, was ein Investment genau ist.

Was ist eine Investition?
In Anlehnung an Schmalenbach:

> *„Unter Investition versteht man die Bindung finanzieller Mittel in Anlage- oder Umlaufvermögen mit der Erwartung, durch zukünftige Rückflüsse einen wirtschaftlichen Nutzen zu erzielen."*

Eine Investition ist zur Spekulation abzugrenzen. Der „Vater" des Value Investing, Benjamin Graham, definierte in seinem Werk „The Intelligent Investor" Spekulation als:

> *„Eine Anlageentscheidung, die nicht auf einer gründlichen Analyse beruht, sondern auf der Hoffnung kurzfristiger Marktbewegungen."*

Investieren erfordert daher Planung, Strategie und Weitsicht – nicht bloß Hoffnung.

3.1 Das Fundament jeder erfolgreichen Investmentstrategie

Bevor Sie in irgendeine Anlageklasse investieren, ob Aktien, Immobilien oder Whisky, sollten Sie sich über drei Dinge im Klaren sein:

1. warum Sie investieren (Ihr Ziel),
2. wie lange Sie investieren möchten (Ihr Zeithorizont),
3. wie viel Risiko Sie tragen können (Ihre Risikotoleranz).

Erst wenn diese drei Fragen beantwortet sind, kann eine Investmentstrategie sinnvoll aufgebaut werden.

3.1.1 Anlageziel bestimmen

Bevor Sie eine Investition tätigen, sollten Sie festlegen, was Sie damit erreichen möchten. Fragen Sie sich: Geht es Ihnen um den Aufbau langfristigen Vermögens, um Einkommenserzielung oder um die Absicherung gegen wirtschaftliche Unsicherheiten? Unterschiedliche Ziele erfordern unterschiedliche Strategien und beeinflussen die Wahl der Anlageklassen. Beispielsweise könnte jemand, der eine Kapitalsteigerung anstrebt, eher in Wachstumsmärkte investieren, während jemand, der Sicherheit sucht, eher auf Edelmetalle oder stabilere Werte setzt.

Im Bereich der Whisky-Investments könnten wir hier beispielsweise zwischen bekannten und etablierten Destillerien mit wertstabileren Abfüllungen und auf der anderen Seite neuen Destillerien mit sehr jungen und noch unentdeckten Abfüllungen unterscheiden. Erstere versprechen weniger Volatilität und mehr Wertspeicher, bei Letzteren könnten sich hingegen größere preisliche Sprünge ergeben.

Fragen, die Sie sich vor Ihrer Investition stellen sollten:

- Geht es um Vermögenserhalt und Inflationsschutz?
- Wollen Sie Kapital vermehren?
- Suchen Sie regelmäßige Einkünfte?

3.1.2 Zeithorizont festlegen

Eine klare Vorstellung vom eigenen Zeithorizont ist entscheidend für jede Investmententscheidung. Wer nicht weiß, wie lange er investieren möchte, riskiert, sich von kurzfristigen Marktschwankungen oder Emotionen leiten zu lassen.

Kurzfristige Investitionen umfassen in der Regel weniger als drei Jahre. Sie bieten Flexibilität, sind jedoch anfälliger für Marktbewegungen und erfordern aktives Management.

Mittelfristige Anlagen mit einem Horizont von drei bis zehn Jahren gelten als ausgewogen: Sie lassen genug Zeit für Wertsteigerungen, ohne das Kapital dauerhaft zu binden. Gerade hier können Anlageformen wie Whisky interessante Renditechancen bieten, da sich Marktzyklen und Reifungseffekte entfalten können.

Langfristige Investitionen erstrecken sich über zehn Jahre oder mehr. Sie profitieren von Zinseszinseffekten, stetiger Wertentwicklung und – bei physischen Sachwerten – von der natürlichen Verknappung über die Zeit.

Für Whisky-Investoren ist ein mittlerer bis langer Anlagehorizont ideal. Diese Anlageklasse ist weniger liquide, entwickelt sich dafür aber meist stabiler und unabhängig von klassischen Finanzmärkten. Das macht Whisky zu einer wertvollen Ergänzung für Anleger, die ihr Portfolio breiter diversifizieren möchten.

Ein klarer Zeithorizont sorgt dafür, dass Sie fokussiert bleiben, unnötige Transaktionen vermeiden und Ihre Strategie konsequent umsetzen können.

Zeithorizonte im Überblick:

- Kurzfristig: unter 3 Jahre
- Mittelfristig: 3 bis 10 Jahre
- Langfristig: über 10 Jahre

3.1.3 Risikomanagement und Diversifikation

Ein erfolgreiches Investment beruht nicht nur auf Renditechancen, sondern vor allem auf der Fähigkeit, Risiken zu erkennen und zu steuern. Risikomanagement ist daher ein unverzichtbarer Bestandteil jeder Anlagestrategie – insbesondere bei alternativen Investments. Es entscheidet darüber, ob ein Portfolio langfristig stabil wächst oder durch unvorhergesehene Marktereignisse ins Wanken gerät.

Das eigene Risikoprofil verstehen

Jeder Anleger hat ein individuelles Risikoprofil, das von Faktoren wie Alter, Vermögen, Erfahrung und emotionalem Umgang mit Verlusten abhängt. Dieses Profil bestimmt, wie viel Schwankung und potenziellen Wertverlust Sie aushalten können, ohne Ihre Strategie infrage zu stellen.

Ein konservativer Investor legt den Schwerpunkt auf Werterhalt und stabile Erträge, während ein risikofreudiger Anleger gezielt eine höhere Rendite anstrebt – auch wenn dies stärkere Kursschwankungen bedeutet.

Eine realistische Selbsteinschätzung hilft Ihnen, Anlageklassen zu wählen, die zu Ihrer finanziellen und psychologischen Situation passen. Whisky-Investments eignen sich besonders für Anleger mit einem mittleren Risikoprofil, die langfristig denken und auch weniger liquide Anlagen akzeptieren können.

Risikomanagement-Strategien

Effektives Risikomanagement bedeutet, Risiken bewusst zu kontrollieren, anstatt sie zu vermeiden. Zu den zentralen Maßnahmen zählen:

Diversifikation:
Streuen Sie Ihr Kapital über verschiedene Anlageklassen und Vermögenswerte. Alternative Investments wie Whisky bieten hier eine wertvolle Ergänzung, da sie eine geringe Korrelation zu traditionellen Märkten wie Aktien oder Anleihen aufweisen.

Qualität vor Quantität:
Bei Whisky-Investments reduziert die Auswahl hochwertiger Abfüllungen und etablierter Destillerien das Risiko erheblich. Historisch wertstabile Marken wie Macallan, Bowmore oder Yamazaki haben gezeigt, dass Qualität langfristig für Preisbeständigkeit sorgt.

Liquiditäts- und Sicherheitsreserven:
Halten Sie immer einen Teil Ihres Vermögens kurzfristig verfügbar, um flexibel auf Marktveränderungen reagieren zu können. Bei physi-

schen Anlagen wie Whisky bedeutet das auch, nur so viel Kapital zu binden, wie Sie langfristig entbehren können.

Regelmäßige Überprüfung:
Auch bei langfristigen Strategien sollten Portfolios in festgelegten Abständen überprüft werden, um Marktveränderungen, Preistrends oder neue Chancen zu berücksichtigen.

Jede Investition ist ein Spiel mit Chancen und Risiken. Höhere Renditen sind meist mit höheren Risiken verbunden – entscheidend ist das Chance/Risiko-Verhältnis. Ziel ist nicht somit nicht, Risiken zu vermeiden, sondern sie gezielt zu steuern und bewusst zu akzeptieren, wenn sie durch langfristige Wertentwicklung gerechtfertigt sind.

Gerade im Whisky-Markt kann eine wohlüberlegte Auswahl an Marken, Jahrgängen und Abfüllungen dazu beitragen, Risiken zu begrenzen und dauerhafte Werte zu schaffen, die als stabile Wertspeicher dienen.

Diese Grundlagen bieten einen Rahmen, um Investitionsentscheidungen reflektiert und strukturiert zu treffen. Ein klar definiertes Ziel, ein realistischer Zeithorizont und ein strukturiertes Risikomanagement bilden gemeinsam das Fundament für nachhaltigen Anlageerfolg.

Nachdem wir nun besprochen haben, wie wichtig eine solide Planung für den langfristigen Anlageerfolg ist, stellt sich die nächste Frage: Welche Strategie führt Sie am besten an Ihr Ziel – aktives oder passives Investieren?

3.1.4 Investmentstrategien: Passiv versus Aktiv

Beim Investieren gibt es unterschiedliche Ansätze, die sich grundsätzlich in zwei Überkategorien unterteilen lassen: passives und aktives Investieren. Während passive Strategien darauf abzielen, langfristig stabile Werte zu schaffen und von der langfristigen Wertsteigerung eines Vermögenswertes zu profitieren, setzen aktive Strategien darauf,

Marktbewegungen und Preiszyklen gezielt auszunutzen, um kurzfristige Gewinne zu erzielen.

Beide Strategien haben ihre Vor- und Nachteile und können – je nach individuellem Anlageziel – sinnvoll kombiniert werden. Gerade im Bereich der Whisky-Investments ist es wichtig, die Dynamiken des Marktes zu verstehen, um bestmöglich davon profitieren zu können.

Buy and Hold: Die passive Langfriststrategie

Die Buy-and-Hold-Strategie gehört zu den ältesten und zugleich erfolgreichsten Anlageansätzen. Sie beruht auf einem einfachen Prinzip: einen wertvollen Vermögenswert erwerben und ihn über Jahre hinweg halten – unabhängig von kurzfristigen Marktschwankungen. Die Grundannahme ist, dass gefragte Märkte und Sachwerte langfristig im Wert steigen, selbst wenn es zwischendurch Rücksetzer gibt.

Auf den Whisky-Markt übertragen bedeutet das, gezielt limitierte Abfüllungen oder hochwertige Jahrgänge zu erwerben, sie unter optimalen Lagerbedingungen aufzubewahren und über längere Zeit zu halten.

Da Whisky ein endliches Gut ist, dessen Bestand durch Konsum stetig sinkt, entsteht mit der Zeit eine natürliche Verknappung – und damit ein potenzieller Wertzuwachs.

Vorteile dieser Strategie:

- Kein ständiges Reagieren auf Marktbewegungen nötig – weniger Stress und Aufwand
- Niedrige Transaktionskosten durch seltene Käufe und Verkäufe
- Langfristiger Wertzuwachs durch zunehmende Seltenheit
- In einigen Ländern steuerliche Vorteile bei längerer Haltedauer

Der Ansatz eignet sich besonders für Investoren mit langfristigem Zeithorizont und moderater Risikobereitschaft, die auf eine langfristige Wertentwicklung setzen.

Nachteile der Strategie:

- Kapital ist über längere Zeit gebunden
- Gewinne werden über Jahre realisiert – Geduld ist gefragt

Aktives Timing: Marktzyklen verstehen und nutzen

Im Gegensatz zum Buy-and-Hold-Ansatz zielt aktives Investieren darauf ab, Marktzyklen gezielt auszunutzen, um Vermögenswerte möglichst günstig zu kaufen und zum optimalen Zeitpunkt wieder zu verkaufen.

Erfolgreiches Timing erfordert Marktkenntnis, Beobachtungsgabe und die Fähigkeit, Trends frühzeitig zu erkennen.

Im Whisky-Kontext heißt das, Entwicklungen auf Auktionen, neue Sondereditionen oder limitierte Erstveröffentlichungen aufmerksam zu verfolgen. Wer früh zugreift, kann von schnellen Wertsteigerungen profitieren – etwa bei kleinen Batches, Distillery-Restarts oder Sonderabfüllungen mit hoher Nachfrage.

Vorteile dieser Strategie:

- Potenziell hohe Renditen durch geschicktes Markt-Timing
- Nutzung kurzfristiger Chancen (zum Beispiel bei Hypes, Neuveröffentlichungen oder Marktverknappungen)
- Aktivere Steuerung des Portfolios möglich
- Möglichkeit, Gewinne schneller zu realisieren als bei langfristigen Anlagen – regelmäßiges Einkommen

Nachteile dieser Strategie:

- Hoher Zeitaufwand durch Marktbeobachtung und Analysen
- Erhöhtes Risiko durch kurzfristige Preisschwankungen und Marktvolatilität
- Gefahr, durch emotionale Entscheidungen Rendite einzubüßen
- Transaktionskosten und Steuern können Gewinne schmälern
- Nicht jede Abfüllung steigt auch kurzfristig im Wert – spekulatives Risiko

Welche Strategie ist die beste?
Die optimale Strategie hängt von Zielen, Zeithorizont und Risikoprofil ab. Wer langfristige Stabilität, geringe Volatilität und wenig Aufwand sucht, ist mit Buy and Hold am besten beraten. Aktive Strategien bieten zwar höhere kurzfristige Gewinnchancen, erfordern aber deutlich mehr Zeit, Wissen und Disziplin.

In der Praxis kombinieren viele Investoren beide Ansätze: langfristige Positionen in etablierten Whiskys zur Wertstabilität – und ein kleinerer, aktiver Anteil, um gezielt Chancen und Marktzyklen zu nutzen.

3.2 Märkte verstehen – Dynamiken und Einflussfaktoren

Der Wert eines Investments wird von zahlreichen Faktoren beeinflusst, die oft in einem komplexen Zusammenspiel miteinander stehen. Investoren müssen nicht nur das Produkt oder die Anlageklasse selbst verstehen, sondern auch die übergeordneten Marktmechanismen, die Angebot und Nachfrage, wirtschaftliche Entwicklungen und psychologische Aspekte umfassen. Diese Dynamiken gelten für alle Anlageklassen, von Aktien und Immobilien bis hin zu alternativen Investments wie Kunst, Rohstoffen oder Whisky.

Um eine fundierte Investmentstrategie zu entwickeln, ist es entscheidend, die folgenden Kernfaktoren zu verstehen:

- Angebot und Nachfrage
- Wirtschaftliche Entwicklungen
- Psychologische Faktoren

3.2.1 Angebot und Nachfrage – das Fundament jeder Preisbildung

Der Preis eines Gutes oder die Entwicklung einer Anlageklasse ergibt sich im Kern aus einem uralten Prinzip der Wirtschaftslehre: Angebot und Nachfrage. Dieses Verhältnis bestimmt nicht nur den Preis an der Supermarktkasse oder der Tankstelle, sondern auch an Börsen, in Immobilienmärkten oder bei alternativen Investments wie Kunst, Sammlerstücken oder Whisky.

Was bestimmt das Angebot?

Das Angebot beschreibt die Menge eines Gutes, die unter bestimmten Bedingungen zu einem gegebenen Preis am Markt verfügbar ist. Faktoren, die das Angebot beeinflussen, sind unter anderem:

- Produktionskapazitäten und natürliche Ressourcen
- Regulierung und Besteuerung
- Lieferketten und geopolitische Entwicklungen
- Technologischer Fortschritt oder Rückschritt
- Saisonalität und Verfügbarkeit

Ein Rückgang des Angebots – etwa durch Verknappung, Produktionsausfälle oder Handelshemmnisse – kann bei konstanter Nachfrage zu steigenden Preisen führen.

Was bestimmt die Nachfrage?

Die Nachfrage hingegen beschreibt das Interesse der Marktteilnehmer, ein Gut zu einem bestimmten Preis zu erwerben. Sie hängt ab von:

- Einkommensniveau und Kaufkraft
- Trends, Moden und sozialen Einflüssen
- Innovation, Nutzen und Anwendungsrelevanz
- Psychologie der Massen – insbesondere an Finanzmärkten
- Marketing, Storytelling und Markenwirkung

Dabei ist wichtig: Nachfrage ist kein rein rationales Phänomen. Sie wird stark beeinflusst durch subjektive Einschätzungen, Erwartungen, Hypes oder Ängste.

Wie genau entsteht „Wert"?

Was Menschen bereit sind zu zahlen, hängt nicht nur vom physischen Angebot ab – sondern entscheidend davon, wie sie den Nutzen eines Gutes subjektiv einschätzen. Damit wird klar:

Wert ist nicht objektiv. Wert ist eine Wahrnehmung.

Ein seltenes Objekt kann wertlos erscheinen, solange es niemand als nützlich, schön oder begehrenswert empfindet. Erst durch soziale Bestätigung, mediale Präsenz, tatsächlichen Nutzen oder emotionale Aufladung kann sich Nachfrage aufbauen – und damit auch ein Marktpreis.

Die folgende Formel ist keine wissenschaftliche Gleichung, sondern lediglich ein Modell zur Veranschaulichung, wie sich wahrgenommener Wert in Märkten bildet.

Die Werteformel (vereinfacht):

$$V = U \cdot P \cdot S$$

V = (Value) Wert
U = (Utility) Nützlichkeit
P = (People) Anzahl der Personen, denen es Nutzen stiftet
S = (Scarcity) Knappheit

Je höher der wahrgenommene Nutzen – ob materiell, emotional oder finanziell – und je mehr Leute von diesem Nutzen profitieren, desto höher die Nachfrage. Je geringer das Angebot beziehungsweise die Verfügbarkeit, desto schneller wirkt sich die Nachfrage preissteigernd aus.

Diese Logik lässt sich auf nahezu alle Anlageklassen anwenden: Die Aktie eines Unternehmens mit Zukunftsvision kann unterbewertet erscheinen, wenn ihre Wachstumschancen für die Zukunft hoch eingeschätzt werden.

Eine Immobilie in gefragter Lage bleibt auch bei steigenden Zinsen attraktiv, wenn der Nutzen – etwa Lebensqualität oder Lagevorteil – als hoch empfunden wird.

Ein Objekt mit begrenztem Angebot und hoher subjektiver Bedeutung kann exponentielle Preisentwicklungen erleben (beispielsweise Kryptowährungen, seltene Oldtimer oder seltene Münzen).

Eine langfristig erfolgreiche Anlagestrategie berücksichtigt die Marktmechanismen von Angebot und Nachfrage und erkennt frühzeitig, wann sich ein Ungleichgewicht entwickelt, das Chancen oder Risiken bietet.

3.2.2 Wirtschaftliche Entwicklungen und ihre Auswirkungen auf Investments

Investitionen existieren nicht im luftleeren Raum. Sie sind eingebettet in ein sich ständig wandelndes wirtschaftliches Umfeld. Makroökonomische Faktoren – also die großen Strömungen von Geldpolitik, Konjunktur und geopolitischen Entwicklungen – beeinflussen maßgeblich die Attraktivität, das Risiko und die erwartete Rendite verschiedenster Anlageklassen. Wenn Sie diese Zusammenhänge verstehen, sind Sie in der Lage, Marktchancen zu erkennen und Risiken frühzeitig abzufedern.

Zinsniveau und Geldpolitik

Die Leitzinsen der Zentralbanken (zum Beispiel EZB oder Fed) sind ein zentrales Steuerungsinstrument für die Wirtschaft – und für Investoren ein wichtiges Signal.

Steigende Zinsen machen Kredite teurer. Das betrifft sowohl Unternehmen (höhere Finanzierungskosten) als auch Konsumenten. Die Folge: weniger Investitionen, geringeres Wachstum und sinkende Bewertungen von zinssensitiven Anlagen – wie Immobilien oder stark fremdfinanzierte Geschäftsmodelle.

Sinkende beziehungsweise niedrige Zinsen hingegen erhöhen die Liquidität im Markt. Klassische Spareinlagen oder Anleihen werfen kaum noch Rendite ab, wodurch Investoren motiviert sind, nach anderen Anlageformen mit höherer Rendite oder Sachwert-Charakter zu suchen – zum Beispiel Aktien, Immobilien oder alternative Assets wie Kunst, Uhren oder Whisky.

Relevanz für Investoren:
Wer die Zinslandschaft kennt, kann besser einschätzen, welche Anlageklassen gerade Rücken- oder Gegenwind haben. Niedrigzinsumfelder begünstigen inflationsgeschützte Sachwerte.

Inflation und Kaufkraft
Inflation beschreibt die allgemeine Preissteigerung von Gütern und Dienstleistungen – oder umgekehrt: den Verlust der Kaufkraft des Geldes.

Hohe Inflation führt dazu, dass Geld real an Wert verliert. In solchen Phasen flüchten Investoren verstärkt in reale Vermögenswerte, deren Wert erhalten bleibt oder sogar steigt – beispielsweise Edelmetalle, Immobilien oder selektive Sachwerte. Auch inflationsindexierte Anleihen oder Unternehmensbeteiligungen mit Preissetzungsmacht sind gefragt.

Niedrige Inflation oder gar Deflation entstehen häufig in Phasen schleppenden Wirtschaftswachstums. In solchen Phasen neigen Investoren dazu, liquide zu bleiben oder in defensivere Anlagen zu wechseln. Das Vertrauen in spekulative Anlagen sinkt – Renditeerwartungen müssen angepasst werden.

Relevanz für Investoren:
In Zeiten strukturell hoher Inflation lohnt sich der Fokus auf inflationsgeschützte oder realwertbasierte Anlagen – besonders, wenn gleichzeitig die Zinsen niedrig bleiben.

Konjunkturzyklen und Marktphasen

Die wirtschaftliche Entwicklung verläuft nicht linear – sie folgt Zyklen: Auf Boomphasen folgen Abschwünge, Rezessionen und Erholungen. Diese Zyklen beeinflussen das Investorenverhalten teils drastisch.

In Wachstums- und Boomphasen herrscht Optimismus. Investoren setzen vermehrt auf Wachstumsaktien, Start-ups, Kryptowährungen oder andere renditestarke, aber volatilere Anlagen. Risiko wird bewusst in Kauf genommen. Überschüssiges Kapital wird zusätzlich spekulativ in Sammelobjekte investiert.

In Rezessionen oder Krisenzeiten verschiebt sich der Fokus: Kapital fließt vermehrt in stabile, defensive Anlagen – etwa große Versorger, Konsumgüteraktien, Gold oder krisenresistente Sachwerte. Je nach Art der Marktphase – inflationär oder deflationär – unterscheiden sich die bevorzugten Anlagen. Liquidität und Kapitalerhalt rücken in den Vordergrund.

Relevanz für Investoren:

Ein vorausschauender Investor erkennt die aktuelle Marktphase und passt seine Allokation entsprechend an – mal offensiv, mal defensiv. Antizyklisches Verhalten (kaufen, wenn andere verkaufen) erfordert Erfahrung und starke Nerven, eröffnet aber oft die besten Chancen.

Geopolitische Entwicklungen und Krisen

Politik und Sicherheit spielen in globalisierten Märkten eine zentrale Rolle. Ereignisse wie Handelskriege, Sanktionen, militärische Konflikte oder Währungskrisen können Märkte binnen Stunden verändern.

Politische Unsicherheiten schrecken Investoren ab, reduzieren die Investitionsbereitschaft und führen zu Kapitalflucht in sichere Anlageformen.

Sanktionen, Exportverbote oder Zölle können einzelne Branchen oder Länder hart treffen – und gleichzeitig andere Märkte beflügeln (zum Beispiel lokale Anbieter als Ersatzlieferanten).

Systemische Risiken, etwa eine Bankenkrise oder Währungsentwertung, können das Vertrauen in Papiergeld und klassische Finanzprodukte erschüttern.

Relevanz für Investoren:
Ein global denkender Investor beobachtet geopolitische Entwicklungen genau – und schützt sein Portfolio mittels Diversifikation über verschiedene Länder, Währungen und Anlageklassen hinweg.

Die wichtigsten Makrofaktoren für Investoren sind somit:

- Zinsen: Steuern Kapitalflüsse und wirken sich auf die Bewertung nahezu aller Anlageklassen aus.
- Inflation: Zehrt an der Kaufkraft – stärkt jedoch meist reale Vermögenswerte.
- Konjunkturzyklen: Beeinflussen die Risikobereitschaft und Kapitalallokation der Märkte.
- Geopolitik: Kann Märkte in kurzer Zeit destabilisieren – oder neue Chancen eröffnen.

Ein kluger Investor versteht diese Zusammenhänge und richtet seine Entscheidungen im Einklang mit dem wirtschaftlichen Umfeld aus – nicht blind dagegen.

3.2.3 Psychologische Faktoren: Anlegerverhalten, Emotionen und Marktzyklen

Obwohl Investieren oft als eine rationale Entscheidung betrachtet wird, spielt die Psychologie der Anleger eine entscheidende Rolle. Emotionen wie Angst, Gier oder Herdentrieb beeinflussen die Marktentwicklungen häufig stärker als fundamentale Daten. Typische psychologische Effekte im Investmentbereich sind:

Herdentrieb und Spekulationsblasen

Menschen neigen dazu, den Entscheidungen der Masse zu folgen, insbesondere in Zeiten des Aufschwungs. Dieses Verhalten führt häufig zu übertriebenen Kurssteigerungen, die nicht mehr durch Fundamentaldaten gestützt sind. Danach folgt meist eine abrupte Korrektur (beispielsweise bei der Dotcom-Blase 2000, der Immobilienkrise 2008, dem Krypto-Hype 2017).

Angst und Panikverkäufe

In Krisenzeiten verkaufen viele Anleger ihre Investments aus Angst vor Verlusten – oft zum denkbar schlechtesten Zeitpunkt. Historisch zeigt sich jedoch, dass jene Investoren, die in solchen Phasen Ruhe bewahren und an ihrer Strategie festhalten, langfristig überdurchschnittliche Renditen erzielen.

Overconfidence und Selbstüberschätzung

Anleger überschätzen oft ihre Fähigkeit, den Markt zu „timen". Sie glauben, den perfekten Kauf- oder Verkaufszeitpunkt erkennen zu können. Die Realität zeigt jedoch, dass selbst Profis meist damit scheitern.

Loss Aversion (Verlustangst)

Studien zeigen, dass der Verlustschmerz psychologisch etwa doppelt so stark empfunden wird wie die Freude über einen Gewinn in gleicher Höhe. Dieser Effekt, beschrieben in der Prospect Theory von Daniel Kahneman und Amos Tversky, erklärt, warum viele Anleger zu lange an schlechten Investments festhalten oder Gewinne zu früh realisieren.

Diese psychologischen Muster sind in allen Märkten zu beobachten – von Aktien und Immobilien bis hin zu Kunst und Whisky. Ein entscheidender Schritt zu mehr Erfolg ist daher die Fähigkeit, eigene Emotionen zu erkennen und zu kontrollieren. Erfolgreiche Investoren treffen Entscheidungen auf Basis von Daten, Erfahrung und Disziplin – nicht aus einem Impuls oder aus Angst heraus.

Jedes Investment wird von einer Vielzahl an Faktoren beeinflusst. Angebot und Nachfrage bilden die Grundlage der Preisentwicklung, während wirtschaftliche Rahmenbedingungen die Dynamik der Märkte beeinflussen. Gleichzeitig steuern psychologische Faktoren das Verhalten der Anleger, die letztlich alle Preise bewegen.

Wer erfolgreich investieren möchte, sollte sich daher nicht nur auf eine einzelne Anlageklasse konzentrieren, sondern gesamtwirtschaftliche Entwicklungen und Marktpsychologie mit einbeziehen. Ein tiefes Verständnis für Marktmechanismen, Emotionen und Wahrnehmung hilft, Kauf- und Verkaufsentscheidungen rational zu treffen und langfristig stabile Renditen zu erzielen.

Letztendlich geht es beim Investieren nicht darum, den Markt vorherzusagen, sondern ihn zu verstehen – und sich so einen entscheidenden Vorteil zu verschaffen.

Nachdem Sie nun die zentralen Einflussfaktoren – wirtschaftliche, marktmechanische und psychologische – kennen, werden wir uns im nächsten Schritt ansehen, wie Sie dieses Wissen im Portfoliomanagement praktisch umsetzen können.

3.3 Portfoliotheorie einfach erklärt – Risiko und Rendite im Gleichgewicht

Die moderne Portfoliotheorie (Modern Portfolio Theory, MPT) ist ein Konzept aus der Finanzwissenschaft, das vom Ökonomen Harry Markowitz entwickelt wurde und bis heute das Fundament moderner Investmentstrategien bildet. Sie beschreibt, wie Investoren durch die richtige Kombination verschiedener Anlageklassen (wie Aktien, Anleihen oder alternative Investments) ein Portfolio aufbauen können, welches das Risiko minimiert und zur gleichen Zeit die bestmögliche Rendite erzielt.

3.3.1 Kernprinzipien der Portfoliotheorie

Diese Grundidee der Portfoliotheorie lässt sich anhand mehrerer zentraler Konzepte konkretisieren, die im Folgenden näher erläutert werden.

Rendite und Risiko als zentrale Entscheidungsfaktoren

Die moderne Portfoliotheorie basiert auf der Idee, dass jedes Investment zwei Hauptfaktoren aufweist: die erwartete Rendite und das Risiko, das als Varianz beziehungsweise Schwankung der Rendite verstanden wird. Markowitz zeigte, dass Investoren ihre Anlagen so kombinieren können, dass sie für ein gegebenes Risiko die höchstmögliche erwartete Rendite erzielen – oder umgekehrt das niedrigste Risiko für eine gewünschte Rendite.

Diversifikation

Ein zentrales Konzept der Portfoliotheorie ist die Diversifikation. Sie besagt, dass sich das Gesamtrisiko mittels Streuung über verschiedene Anlageklassen erheblich senken lässt. Da sich unterschiedliche Vermögenswerte nicht perfekt parallel bewegen (keine perfekte Korrelation), können Verluste in einer Position durch Gewinne in einer anderen ausgeglichen werden.

Korrelation zwischen Anlageklassen

Die Korrelation ist ein Maß dafür, wie stark sich zwei Anlagewerte gemeinsam bewegen. Beispielsweise reagieren Aktien und Anleihen oft gegensätzlich auf Wirtschaftstrends. Alternative Anlagen wie Whisky weisen typischerweise eine geringe Korrelation zu traditionellen Märkten auf und tragen dadurch zur Stabilisierung eines Portfolios bei.

Effizienzgrenze

Die MPT führt außerdem das Konzept der Effizienzgrenze ein. Diese beschreibt jene Kombinationen von Anlagen, die das beste Rendite-

Risiko-Verhältnis bieten. Portfolios unterhalb dieser Grenze sind ineffizient – sie bieten bei gleichem Risiko weniger Rendite. Ein rationaler Investor strebt also ein Portfolio auf der Effizienzgrenze an.

Risikotoleranz des Anlegers

Wo sich ein Portfolio auf dieser Effizienzgrenze befindet, hängt von der individuellen Risikobereitschaft ab. Ein risikoaverser Anleger wird sich eher für ein Portfolio mit niedrigem Risiko und gemäßigten Renditen entscheiden, während ein risikofreudiger Anleger höhere Risiken akzeptiert, um potenziell höhere Renditen zu erzielen.

3.3.2 Diversifikation in der Praxis

Diversifikation zählt zu den wichtigsten Grundsätzen des Investierens. Sie hilft, das Risiko im Portfolio zu streuen und die Abhängigkeit von einzelnen Anlagen zu reduzieren. Durch eine breite Streuung der Vermögenswerte wird die Volatilität minimiert und gleichzeitig verbessert sich die Chance auf stabile, langfristige Renditen.

Whisky-Investments zeichnen sich unter dem Blickwinkel der Diversifikation durch einen besonderen Wert aus: Whisky weist eine niedrige Korrelation zu klassischen Finanzmärkten auf. Sein Preis wird stark von Sammlerinteresse, Markenreputation und globaler Nachfrage bestimmt und nur indirekt von Zinspolitik oder Konjunktur. Dies macht ihn zu einer idealen Ergänzung für ein ausgewogenes Portfolio.

Innerhalb der Whisky-Anlage kann und sollte ebenfalls diversifiziert werden – etwa durch verschiedene Marken, Jahrgänge, Regionen oder Abfüllungen.

Während etablierte Brennereien oft Stabilität bieten, können seltene oder jüngere Whiskys überdurchschnittliches Wachstumspotenzial aufweisen.

Darüber hinaus lohnt sich eine geografische Diversifikation über verschiedene Länder und Märkte, um politische oder wirtschaftliche Risiken einzelner Regionen zu reduzieren.

„Die einzige kostenlose Versicherung für ein Investment-Portfolio ist Diversifikation."
Ray Dalio

Abbildung 3.3 zeigt, wie sich das Risiko von Kursverlusten eines Portfolios reduziert, sobald mehrere zueinander unkorrelierte Assets kombiniert werden. Bereits ab fünf unkorrelierten Anlagewerten im Portfolio senkt sich die Wahrscheinlichkeit, in einem gegebenen Jahr Verluste einzufahren, von 40 Prozent auf nur noch knapp 26 Prozent. Bei zehn unkorrelierten Anlagewerten fällt sie sogar auf unter 20 Prozent.

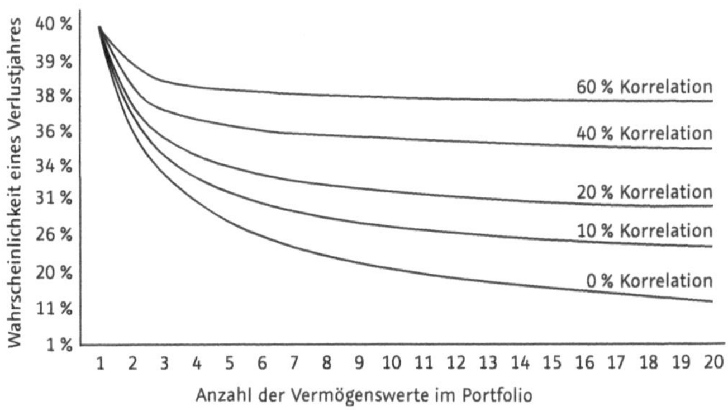

Abbildung 3.3: Diversifikation

3.4 Alternative Investments als Teil des Portfolios

Besonders in wirtschaftlich unsicheren Zeiten, die von Inflation und Marktvolatilität geprägt sind, suchen Investoren verstärkt nach alternativen Anlageklassen. Diese zeichnen sich durch eine allgemein geringere Korrelation zu den klassischen Finanzmärkten aus und können so als stabilisierender Faktor in einem diversifizierten Portfolio dienen.

3.4.1 Was sind alternative Investments?

Unter alternativen Investments versteht man Vermögenswerte, die außerhalb klassischer Kapitalmarktinstrumente liegen – etwa Immobilien, Rohstoffe, Kunst, Oldtimer, seltene Weine, Kryptowährungen oder Whisky. Viele dieser Anlageklassen haben sich in der Vergangenheit als robust gegenüber anhaltender Inflation und Währungsabwertung erwiesen und bieten eine sinnvolle Ergänzung zu Aktien oder Anleihen. Während traditionelle Wertpapiere direkt an Börsen gehandelt werden, sind alternative Investments meist illiquide, langfristig orientiert und folgen eigenen Preisbildungsmechanismen – etwa über Auktionen, individuelle Gutachten oder Sammlermärkte. Ihr größter Vorteil liegt in der Diversifikation: Sie helfen, Risiken zu streuen und die Abhängigkeit vom Finanzmarktzyklus zu verringern.

Physische Vermögenswerte und ihre Vorteile

Ein zentrales Merkmal vieler alternativer Anlagen ist ihre physische Beschaffenheit. Immobilien, Gold, Kunst oder Whisky besitzen einen reellen, greifbaren Wert, der nicht allein von digitalem Handel oder von der Marktstimmung abhängt.

Warum sind physische Werte besonders attraktiv?

- Sie sind inflationsresistenter, da begrenzte physische Ressourcen meist im Preis steigen, wenn Geld an Kaufkraft verliert.
- Sie sind weniger anfällig für Schwankungen der Finanzmärkte und bieten in Krisenzeiten oft Stabilität.
- Sie sind von Natur aus knapp – und Knappheit ist ein fundamentaler Treiber von Wert.

Whisky ist ein hervorragendes Beispiel: Als begrenztes, handwerklich hergestelltes Produkt vereint er Knappheit, echten Sachwert und weltweite Beliebtheit – ideale Voraussetzungen für eine langfristige Wertsteigerung.

Langfristige Wertsteigerungspotenziale

Viele alternative Anlagen entfalten ihr Potenzial über Jahre oder Jahrzehnte. Ein seltenes Gemälde, ein klassischer Oldtimer oder ein gereifter Whisky steigen mit der Zeit nicht nur wegen ihrer begrenzten Verfügbarkeit im Wert, sondern auch, weil sie kulturell und geschichtlich an Bedeutung gewinnen.

Beispiele für alternative Investments mit hoher Wertsteigerung:

- Kunst: Werke renommierter Künstler erzielen regelmäßig Rekordpreise auf Auktionen.
- Oldtimer: Limitierte Modelle klassischer Marken wie Ferrari, Porsche oder Mercedes-Benz haben sich als stabile Sachwerte etabliert.
- Wein: Spitzenjahrgänge aus Bordeaux oder Burgund verzeichnen seit Jahren zweistellige Preiszuwächse.
- Whisky: Limitierte Editionen renommierter Brennereien erzielten teils Wertsteigerungen von mehreren Hundert Prozent innerhalb weniger Jahre.

Ein zentraler Treiber davon ist die begrenzte Verfügbarkeit. Während Unternehmen neue Aktien ausgeben können und dadurch das Angebot am Markt verändern und auch Anleihen beliebig neu ausgegeben werden können, bleibt die Zahl historischer Kunstwerke, klassischer Fahrzeuge oder jahrzehntealter Whiskyflaschen endgültig festgelegt – sie lassen sich nicht reproduzieren. Genau diese reale Knappheit sorgt für den langfristigen Werterhalt alternativer Anlagen.

3.4.2 Investments im Vergleich: Wie positioniert sich Whisky?

Alternative Investments können attraktive Renditen und Schutz vor Marktschwankungen bieten – entscheidend bleibt aber, ihre Rolle innerhalb eines Portfolios zu verstehen. Jede Anlage bringt spezifische Chancen und Risiken, die berücksichtigt werden sollten.

Whisky nimmt innerhalb der alternativen Investments eine besondere Stellung ein. Er bewegt sich in einem attraktiven Spannungsfeld aus physischem Wert, begrenztem Angebot und weltweit steigender Nachfrage und Handelbarkeit. Während Kunstwerke oder Oldtimer oft nur für sehr wohlhabende Sammler zugänglich sind, ermöglichen Whisky-Investments bereits mit vergleichsweise geringem Kapitaleinsatz den Zugang zu einem realen, greifbaren Sachwert.

Ein zusätzlicher Vorteil liegt in der geringen Korrelation zu den klassischen Finanzmärkten. Während Aktien oder Anleihen in wirtschaftlich turbulenten Zeiten stark schwanken, zeigen hochwertige Whiskys häufig eine weniger ausgeprägte Volatilität. Um diese Einordnung greifbarer zu machen, zeigen die folgenden Vergleichsindizes die historische Entwicklung von Whisky im Verhältnis zu anderen wichtigen Anlageklassen – darunter der S&P 500, Kunst, Wein, Gold, Bitcoin, Uhren, Oldtimer und Immobilien.

Rare Whisky Icon 100 Index

Der Rare Whisky Icon 100 Index gilt als einer der bedeutendsten Benchmarks für Whisky-Investments. Er verfolgt die Wertentwicklung der 100 begehrtesten und meistgehandelten Whiskyflaschen auf dem Sekundärmarkt. Seit seiner Einführung zeigt er eindrucksvoll, dass seltene Whiskys als Sammlerobjekte und Anlageklasse langfristig deutliche Wertsteigerungen erzielen können. Trotz einzelner Korrekturphasen weist der Index über die Jahre eine starke Aufwärtsbewegung auf – ein Zeichen für die wachsende internationale Nachfrage nach limitierten Abfüllungen.

Abbildung 3.4: Rare Whisky Icon 100 Index

S&P 500

Der S&P 500 ist einer der weltweit wichtigsten Aktienindizes und bildet die Entwicklung der 500 größten börsennotierten Unternehmen in den USA ab. Er gilt als Leitbarometer für die amerikanische und auch globale Wirtschaft. Mit durchschnittlichen jährlichen Renditen von rund sieben bis zehn Prozent über lange Zeiträume verdeutlicht er das Wachstumspotenzial des Aktienmarkts. Gleichzeitig unterliegt er stärkeren Schwankungen, insbesondere in Zeiten wirtschaftlicher Krisen, was ihn zu einer volatileren, aber renditestarken Anlage macht.

Abbildung 3.5: S&P 500

Kunst

Kunst gehört seit Jahrhunderten zu den prestigeträchtigsten Anlageklassen und vereint finanziellen und kulturellen Wert. Werke renommierter Künstler gelten als Statussymbole und werden weltweit auf Auktionen gehandelt. Der Kunstmarkt ist jedoch hochgradig spezialisiert: Der Wert eines Gemäldes, einer Skulptur oder Installation hängt stark vom Ruf des Künstlers, der Seltenheit und der Provenienz ab. Anders als bei standardisierten Anlageformen gibt es keine objektiven Bewertungsmaßstäbe, was Investitionen in Kunst sowohl faszinierend als auch risikobehaftet macht.

Im Vergleich zu Whisky gibt es dennoch interessante Parallelen. Beide Märkte leben von Knappheit und Sammlerleidenschaft: Ein nicht reproduzierbares Kunstwerk entspricht einer limitierten Abfüllung. Ein wichtiger Unterschied: Kunstwerke sind meist noch illiquider und erfordern mehr Geduld, bis sich ein Käufer findet, während Whiskyflaschen regelmäßig in Auktionen gehandelt werden und dadurch meist eine höhere Markttransparenz besitzen.

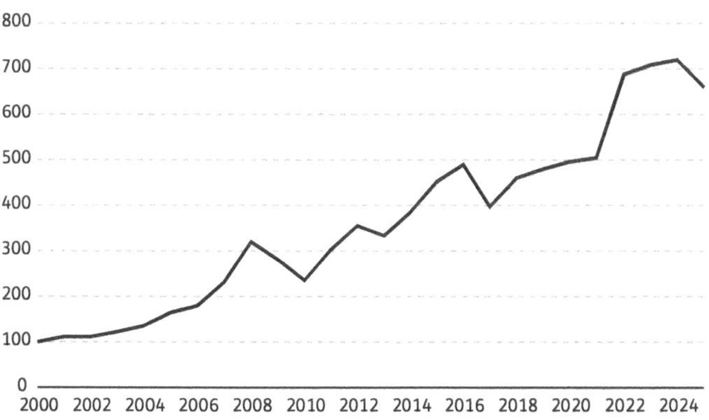

Abbildung 3.6: Entwicklung des Artprice100© Index

Wein

Wein zählt zu den etabliertesten Genuss-Investments und hat sich in den letzten Jahrzehnten ebenfalls zu einer anerkannten alternativen Anlageklasse entwickelt. Der Wertzuwachs entsteht dabei aus einem einzigartigen Zusammenspiel von Qualität, Jahrgang, Herkunft und limitierter Verfügbarkeit – Faktoren, die Wein und Whisky verbinden.

Ein wesentlicher Unterschied liegt jedoch in der Haltbarkeit: Während Whisky in der Flasche stabil bleibt, unterliegt Wein einem Reifeprozess. Dies macht die Lagerung entscheidend – nur unter optimalen Bedingungen entfaltet sich der volle Wert. Gleichzeitig bedeutet dies auch ein höheres Risiko, da Temperatur- oder Feuchtigkeitsschwankungen die Qualität dauerhaft beeinträchtigen können. Whisky-Investments sind in dieser Hinsicht deutlich robuster, was sie für viele Anleger einfacher handhabbar macht.

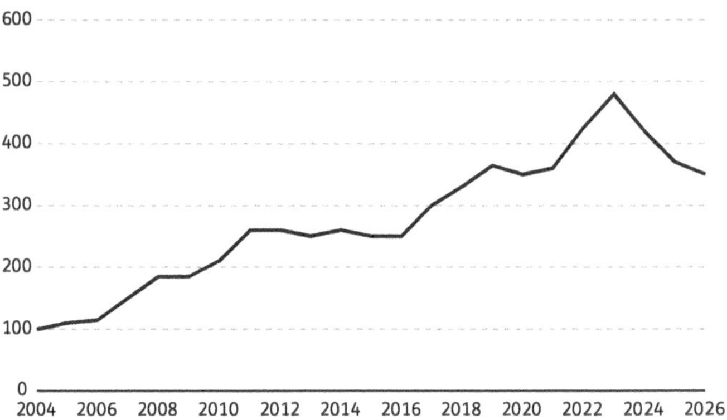

Abbildung 3.7: Weinpreise-Index

Gold

Gold ist seit Jahrtausenden ein fester Bestandteil der menschlichen Wirtschaftsgeschichte. Es gilt als universelles Zahlungsmittel, Wertaufbewahrungsmittel und Absicherung in Zeiten wirtschaftlicher Unsicherheit. Staaten, Zentralbanken und Privatanleger nutzen es gleichermaßen, um ihre Portfolios zu stabilisieren.

Im Vergleich zu Whisky verkörpert Gold eine Anlageklasse, die nicht auf Emotion oder Sammelleidenschaft, sondern auf Vertrauen und Akzeptanz basiert. Während Whisky kulturelle Werte und Exklusivität in sich trägt, erfüllt Gold die Rolle einer global anerkannten „Versicherung“ gegen Krisen und Inflation.

Abbildung 3.8: Goldpreis in US-Dollar pro Feinunze

Bitcoin

Bitcoin stellt eine völlig neue Form des Investments dar. Als digitaler Vermögenswert auf Basis der Blockchain-Technologie existiert er ausschließlich virtuell und unterscheidet sich grundlegend von physischen Sachwerten wie Whisky. Sein Potenzial liegt in technologischer Innovation, begrenztem Angebot und globaler Zugänglichkeit – jeder kann ohne zentrale Institution daran teilhaben.

Gleichzeitig ist Bitcoin durch seine hohe Volatilität und starke Abhängigkeit von Marktstimmungen deutlich risikoreicher. Während Whisky als greifbarer, knapper Sachwert realen Substanzwert besitzt, steht Bitcoin für eine neue Generation digitaler Vermögenswerte: dynamisch, grenzenlos und spekulativ.

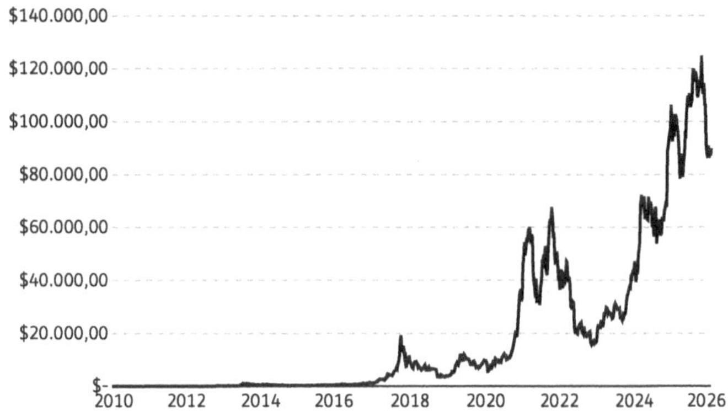

Abbildung 3.9: Bitcoin-Preisentwicklung

Abbildung 3.9 veranschaulicht die starke Volatilität von Bitcoin sowie den langfristigen Preisanstieg dieser Anlageklasse im Zeitraum von Januar 2019 mit dem Stand 3.832 Dollar bis Januar 2025 mit dem Stand 102.249 Dollar.

Oldtimer

Oldtimer faszinieren durch ihre Verbindung von Technik, Design und Nostalgie. Für viele Sammler sind sie nicht nur Fahrzeuge, sondern mobile Kulturgüter, die Geschichte(n) erzählen und Emotionen wecken. Wie beim Whisky spielt auch hier die Seltenheit eine zentrale Rolle: Bestimmte Modelle sind extrem begehrt und kaum mehr zu finden.

Allerdings unterscheiden sich beide Anlageklassen in der Handhabung deutlich. Oldtimer erfordern Pflege, Wartung und hohe laufende Kosten, um ihren Wert zu erhalten – Whisky hingegen benötigt lediglich eine sichere Lagerung. Dafür bieten Oldtimer den zusätzlichen Reiz der Nutzung, während Whisky in den meisten Fällen unverkostet bleibt. Gemeinsam ist beiden, dass sie eine Leidenschaft entfachen und eine loyale Sammlergemeinschaft um sich scharen, die bereit ist, hohe Preise für seltene Stücke zu zahlen.

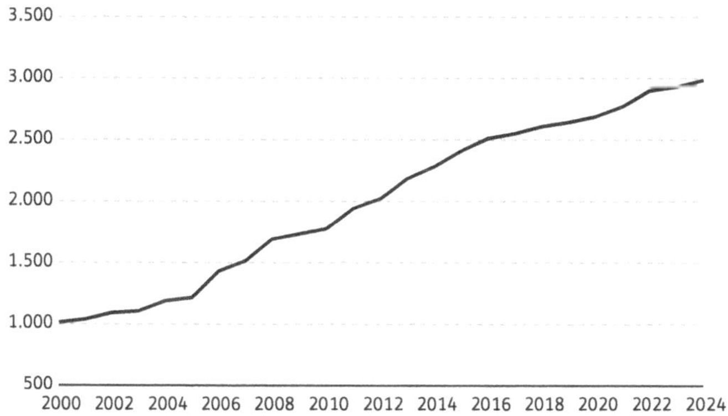

Abbildung 3.10: Deutscher Oldtimer Index

Immobilien

Immobilien zählen weltweit zu den etabliertesten Anlageklassen und bilden das Fundament vieler privater wie institutioneller Vermögensstrategien. Sie bieten Anlegern einen doppelten Nutzen: laufende Einnahmen durch Mieten und langfristige Wertsteigerung.

Immobilien sind jedoch kapitalintensiv und erfordern hohe Einstiegskosten, während Whisky-Investments schon mit deutlich geringeren Beträgen möglich sind.

Zusätzlich zeigen sich in wirtschaftlichen Krisen auch die Schattenseiten des Immobilienbesitzes: Da Grundstücke nicht verlagert werden können und staatlich registriert sind, werden Immobilienbesitzer bei Vermögensabgaben oder Steuererhöhungen meist zuerst herangezogen. Whisky als beweglicher, international handelbarer Sachwert bietet in diesem Punkt deutlich mehr Flexibilität.

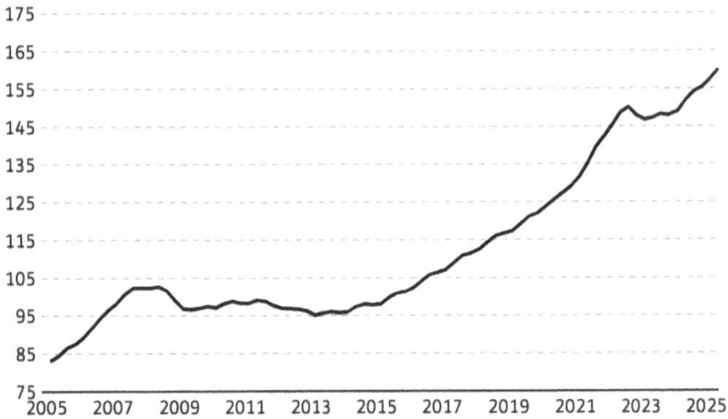

Abbildung 3.11: Hauspreisindex EU

Fazit

Die bisherigen Analysen zeigen, dass sich klassische und alternative Anlageklassen seit 2010 teilweise sehr unterschiedlich entwickelt haben. Whisky (gemessen am Rare Whisky 100 Index) verzeichnete im Zeitraum von 2010 bis 2022 eine außergewöhnliche Wachstumsphase, getragen von einer stetig steigenden Nachfrage nach seltenen und limitierten Abfüllungen, worauf eine deutliche Abkühlung des Marktes folgte. Gold hingegen entwickelte sich stabiler (erst im Jahr 2024 mit stärkeren dynamischen Anstiegen) und erfüllt weiterhin seine Rolle als bewährter Krisenschutz. Der S&P 500 spiegelt die Dynamik der globalen Aktienmärkte wider und erzielte – trotz zwischenzeitlicher Rückschläge – eine kontinuierliche Wertsteigerung.

Auch andere Sachwerte wie Kunst, Wein oder Oldtimer folgen eigenen Marktmechanismen, die stark von Knappheit und Sammlerleidenschaft geprägt sind. Insgesamt zeigt sich: Whisky vereint einige der positiveren Aspekte alternativer Investments – als knapper, realer Sachwert mit attraktiven Renditechancen, geringen Erhaltungskosten und vergleichsweise höherer örtlicher Ungebundenheit.

Abbildung 3.12 veranschaulicht die Wertentwicklung im zeitlichen Verlauf von Whisky (Rare Whisky 100), Gold und dem S&P 500 seit dem Jahr 2007. Alle Werte wurden auf denselben Startpunkt indexiert, um die Vergleichbarkeit zu erhöhen. Auffällig ist, dass Whisky insbesondere zwischen 2015 und 2022 deutlich outperformte, bevor der S&P 500 in den darauffolgenden Jahren aufschließen und vorbeiziehen konnte. Gold verläuft im Vergleich deutlich flacher und beschleunigte seinen Anstieg erst im Jahr 2024 massiv. Diese gemeinsame Darstellung macht sichtbar, wie unterschiedlich sich diese Anlageklassen im Vergleich zueinander entwickelt haben.

Abbildung 3.12: S&P 500 versus Gold versus Whisky

3.5 Whisky als Diversifikator im modernen Portfolio

Nachdem Whisky im Vergleich zu klassischen Anlageklassen wie Aktien, Gold, Immobilien oder alternativen Sachwerten betrachtet wurde, stellt sich die Frage nach seinem konkreten Nutzen innerhalb eines Portfolios. Denn nicht die einzelne Anlage entscheidet über den langfristigen Erfolg, sondern das Zusammenspiel verschiedener Rendite- und Risikotreiber.

Whisky zeichnet sich insbesondere durch seine vergleichsweise geringe Korrelation zu anderen Anlageklassen sowie eine niedrige direkte Abhängigkeit von den klassischen Finanzmärkten aus. Zwei unabhängig voneinander durchgeführte Studien untersuchten für die Zeiträume Januar 2013 bis Dezember 2020 sowie Januar 2014 bis Februar 2020 die Kursentwicklung von Whisky im Vergleich zu Aktien, Anleihen, Hedgefonds, Private Equity, Rohstoffen und Immobilien.

Beide Analysen kamen zu dem Ergebnis, dass die monatlichen Renditen von Whisky lediglich eine sehr geringe Korrelation von etwa -0,11 bis +0,15 zu den betrachteten Anlageklassen aufwiesen. In den untersuchten Zeiträumen entwickelte sich Whisky damit weitgehend unabhängig von den Bewegungen anderer Assets.

Diese relative Eigenständigkeit macht Whisky für Anleger besonders interessant – weniger als Ersatz klassischer Anlagen, sondern als stabilisierende Ergänzung. Gerade in Phasen erhöhter Marktvolatilität oder geopolitischer Unsicherheit kann Whisky dazu beitragen, Schwankungen im Gesamtportfolio abzufedern und dessen Risiko zu dämpfen.

Dabei gilt jedoch: Korrelation ist keine konstante Größe, sondern stets zeit- und marktphasenabhängig. Die dargestellten Werte stellen daher keinen allgemeinen, zeitlosen Grundsatz dar, sondern spiegeln die historischen Zusammenhänge der jeweils betrachteten Zeiträume wider. Je nach Marktumfeld, Preissegment oder regionalem Fokus können sich diese Beziehungen verändern.

Whisky ist somit kein Ersatz für traditionelle Kapitalanlagen, sondern eine sinnvolle Ergänzung im Rahmen einer diversifizierten Vermögensstruktur. Damit verkörpert er einen zentralen Gedanken der modernen Portfoliotheorie: Nicht die Maximierung einer einzelnen Anlage ist entscheidend, sondern das ausgewogene Zusammenspiel unterschiedlicher Werttreiber.

Zu differenzieren sind in dieser Hinsicht jedoch noch die beiden Anlageformen Whisky-Flaschen und Whisky-Fässer. Während bei Flaschen der Haupttreiber der Nachfrage vonseiten der Sammler und Investoren kommt und diese damit stärker emotional aufgeladen ist, basiert die Nachfrage nach Fässern hauptsächlich auf der wirtschaftlichen Stabilität und den Absätzen der Whisky-Industrie. Auf diese speziellen Zusammenhänge und Unterschiede werden wir im nächsten Kapitel noch detaillierter eingehen.

Zusammenfassung des Kapitels

Seit dem Ende des Goldstandards basiert unser Geldsystem auf Fiatgeld. Neues Geld wird über Kreditvergabe geschaffen und führt langfristig zur Entwertung des Geldes und damit zu realem Kaufkraftverlust. Reines Sparen schützt Ihr Vermögen daher real nicht – nur wer investiert, kann hier gegensteuern.

Drei Grundlagen vor jeder Anlageentscheidung

- Ziele: Vermögenserhalt, Wachstum, Einkommen/Inflationsschutz.
- Zeithorizont: kurz, mittel oder lang.
  Für Whisky eignen sich mittel- bis langfristige Horizonte.
- Risikoprofil: konservativ ↔ risikofreudig; nur so viel binden, wie Sie langfristig entbehren können.
  Streuung über Anlageklassen und Regionen reduziert Klumpenrisiken.

Strategien

Buy and Hold (passiv): selten handeln, auf natürliche langfristige Verknappung setzen.

Aktives Timing: Zyklen und Neuveröffentlichungen nutzen (Auktionen, Limited Editions).

Preisbildung: Angebot und Nachfrage

Wert wird subjektiv wahrgenommen: Wert = Nutzen × Anzahl der Personen, denen es nutzt × Knappheit.

Makrofaktoren

Zinsen steuern Kapitalflüsse und Bewertungen.

Inflation zehrt an Kaufkraft, stärkt reale Vermögenswerte.

Konjunkturzyklen verschieben Risikoneigung.
Geopolitik kann Märkte abrupt verändern – globale Streuung hilft.

Psychologie
Herdentrieb, Verlustaversion, Overconfidence, Panikverkäufe beeinflussen die eigene Rendite oft stärker als viele Fundamentaldaten. Erfolgreiche Anleger managen auch ihre Emotionen, nicht nur Zahlen.

Moderne Portfoliotheorie (MPT) – Praxisnutzen
Rendite/Risiko in Balance, Korrelation ist der Schlüssel.
Effizienzgrenze: Für ein gegebenes Risiko soll die höchste erwartete Rendite beziehungsweise für eine erwartete Rendite das minimal mögliche Risiko angestrebt werden.

Diversifikation ist die einzige „kostenlose Versicherung". Je mehr unkorrelierte Assets in einem Portfolio sind, desto geringer ist auch die Verlustwahrscheinlichkeit.

Alternative Investments und die Rolle von Whisky
Whisky vereint physischen Wert, begrenztes Angebot und globale Nachfrage. Ein Einstieg ist bereits mit kleineren Beträgen möglich.

Historisch zeigen Indizes: Whisky hatte Phasen deutlicher Outperformance (vor allem 2015 bis 2022), Aktien (S&P 500) holten zuletzt auf; Gold bleibt ein defensiver Anker mit Outperformance im Jahr 2025.

Whisky als Diversifikator
Geringe und teils negative Korrelation zu Aktien, Anleihen und Immobilien → ideale risikomindernde Beimischung im Portfolio.

Wichtig: Flaschen sind emotionsgetriebener, wohingegen Fässer eher industrie-/absatzgetrieben sind – unterschiedliche Treiber, Liquidität und Risiken.

4.
Whisky als Anlageklasse: Chancen, Risiken und Bewertungsmaßstäbe

Nachdem im vorangegangenen Kapitel der Nutzen von Whisky im Portfolio-Kontext beleuchtet wurde, richtet sich der Fokus nun auf Whisky als eigenständige Anlageklasse.

Entscheidend ist hierbei nicht mehr nur die Rolle als diversifizierender Sachwert, sondern das Verständnis der inneren Marktmechanismen, die Wertentwicklung einzelner Abfüllungen sowie die Besonderheiten dieser noch jungen Anlageklasse.

Dieses Kapitel zeigt daher, wie Whisky bewertet wird, welche Anlageformen existieren, welche Chancen realistisch sind und welche Risiken häufig unterschätzt werden. Ziel ist eine fundierte Grundlage, um Entscheidungen nicht aus Leidenschaft, sondern aus einem strukturierten Verständnis des Marktes zu treffen – unabhängig davon, ob Sie neu einsteigen oder ein bestehendes Portfolio professionalisieren möchten.

4.1 Was zeichnet Whisky als solides Investment aus?

Nicht jeder Sachwert eignet sich automatisch als Kapitalanlage. Was ein gutes Investment auszeichnet, ist das Zusammenspiel aus Angebot, Nachfrage, Marktstruktur, relativer Preisstabilität, internationaler Handelbarkeit – und im besten Fall: kultureller oder emotionaler Bedeutung. Whisky vereint viele dieser Eigenschaften in bemerkenswerter Weise.

Limitierte Verfügbarkeit

Die wohl wichtigste Eigenschaft: Whisky ist endlich. Ein Jahrgang oder eine limitierte Abfüllung kann nicht nachproduziert werden. Mit jeder geöffneten Flasche reduziert sich das Angebot am Markt weiter. Dadurch entstehen natürliche Verknappungseffekte, die den Wert seltener Whiskys langfristig steigen lassen.

Besonders hochwertige Single Malts und limitierte Editionen renommierter Brennereien wie Macallan, Bowmore, Yamazaki oder Springbank verzeichnen im Premiumsegment teils Wertzuwächse pro Jahr im zweistelligen Prozentbereich.

Physischer, greifbarer Wert

Im Gegensatz zu digitalen oder rein spekulativen Anlagen hat Whisky einen realen, greifbaren und vergleichbaren Wert. Er kann gelagert, transportiert und versichert werden. Flaschen und Fässer können physisch gehandelt oder als Sammlerstücke über Generationen weitergegeben werden.

Gerade in wirtschaftlich unsicheren Zeiten schätzen Investoren diese Beständigkeit: Wenn alles andere fällt, bleibt der Whisky im Regal.

Wachsender Weltmarkt

Die globale Nachfrage nach hochwertigem Whisky wächst stetig – besonders in Asien und Nordamerika. Länder wie China, Taiwan oder

Indien entwickeln sich zu zentralen Märkten für den globalen Whiskyhandel. In vielen dieser Regionen gilt Whisky zunehmend auch als Statussymbol.

Da die Produktionskapazität vieler Brennereien begrenzt ist und Reifezeiten nicht verkürzt werden können, führt diese Kombination aus wachsender Nachfrage und limitiertem Angebot zu einem strukturellen längerfristigen Preisdruck nach oben.

Reputation und Markenstärke

Whisky ist nicht nur ein Genussmittel, sondern auch ein Kulturgut. Traditionsreiche Brennereien mit jahrzehntelanger Geschichte haben sich eine außergewöhnliche Markenreputation aufgebaut – sei es durch jahrhundertealte Tradition, besondere Herstellungsverfahren oder die Qualität ihrer Fässer. Diese Reputation führt dazu, dass allein schon der Name auf der Flasche oft ein Wertversprechen darstellt.

Ein Macallan aus den 1980er-Jahren oder ein Springbank Local Barley gilt für Sammler so viel wie eine Rolex Daytona für Uhrenliebhaber – ein Symbol für Handwerk, Seltenheit und Werthaltigkeit.

Emotion und Geschichte

Whisky erzählt Geschichten – von Herkunft, Handwerk und Zeit. Dieses emotionale Element verleiht ihm eine Tiefe, die klassische Finanzprodukte nicht bieten. Das sogenannte „Storytelling Value" ist bei Whisky ein relevanter Wertfaktor. Limitierte Editionen mit historischem Bezug, Jubiläumsabfüllungen oder Serien mit einzigartigem Design sind deshalb besonders gefragt. Menschen investieren lieber in Dinge, zu denen sie eine Verbindung spüren – und genau hier liegt eine der unterschätzten Stärken von Whisky als Investment.

Wachsende Markttransparenz und Handelbarkeit

In den letzten Jahren hat sich der Markt für Sammler- und Investment-Whiskys stark professionalisiert. Online-Auktionsplattformen, spezialisierte Händler und Preisindizes schaffen Transparenz und Vergleichbarkeit.

Damit ist Whisky heute keine reine Nischenanlage mehr, sondern eine eigenständige, international handelbare Anlagelasse mit messbarer Marktperformance. Diese Struktur stärkt das Vertrauen institutioneller und privater Anleger gleichermaßen.

4.2 Anlageformen im Überblick – Flaschen, Fässer, Fonds

Wer in Whisky investieren möchte, steht zunächst vor einer zentralen Frage: In welcher Form? Denn Whisky ist nicht gleich Whisky – und auch nicht jede Anlageform passt zu jedem Investor. Während manche Anlageformen auf langfristige diversifizierte Wertsteigerung und Stabilität abzielen, bieten andere eher konzentrierte Chancen, erfordern dafür jedoch mehr Marktkenntnis, Engagement und Risikobereitschaft.

In diesem Abschnitt erhalten Sie einen Überblick über die wichtigsten Anlageformen im Whisky-Investment – inklusive ihrer jeweiligen Chancen, Risiken und Besonderheiten.

Einzelflaschen (Bottled Whisky)

Die klassische Form des Whisky-Investments ist der Kauf einzelner Flaschen – oft limitierter Abfüllungen, Sondereditionen oder Raritäten aus früheren Jahrgängen. Diese Flaschen werden mit Originalverpackung, ungeöffnet und unversehrt gekauft, gelagert und zu einem späteren Zeitpunkt wieder verkauft.

Vorteile:

- Relativ niedriger Einstiegspreis (oft ab 50 bis 300 Euro)
- Hohe Wertsteigerung möglich bei gefragten Raritäten
- Physisch greifbar – ein „anfassbares Investment“

Risiken:

- Marktwert schwankt je nach Nachfrage und Sammeltrends
- Fälschungsgefahr bei hochpreisigen Flaschen
- Lagerung muss „professionell" erfolgen (Temperatur, Licht, Position); Beschädigungen können den Wert erheblich mindern

Whisky-Fässer (Cask Investment)

Für erfahrene Investoren und/oder institutionelle Anleger interessant: der Kauf ganzer Fässer, oft auch als „New Make" (frisch gebranntes Destillat). Das Fass reift über Jahre – häufig fünf bis zwölf Jahre oder mehr – und wird dann entweder verkauft oder abgefüllt.

Vorteile:

- Wertsteigerungspotenzial während der Reifung
- Möglichkeit zur Eigenabfüllung oder exklusiven Vermarktung

Risiken:

- Hohe Einstiegskosten (ab etwa 2.000 bis 5.000 Euro, teils deutlich mehr)
- Lagerung erfordert professionelle Betreuung (Gebühren für Lagerhaus, Versicherung)
- Verkauf erfordert Marktkenntnis und vertrauenswürdiges Vermittlernetzwerk
- Rechtliches Risiko: Das Eigentum am Fass muss eindeutig registriert sein, andernfalls besteht im Insolvenzfall des Anbieters die Gefahr des Totalverlusts. Mehrere britische Anbieter sind in den letzten Jahren insolvent geworden – ihre Anleger mussten Verluste oder Zwangsverkäufe unter Marktwert hinnehmen.

Whisky-Fonds und -Plattformen

In den letzten Jahren sind digitale Plattformen und spezialisierte Fonds entstanden, über die Anleger indirekt in Whisky investieren können

– beispielsweise in kuratierte Fass-Portfolios, Auktionsbestände oder in Form eines alternativen Investmentfonds. Diese Art des Investments ermöglicht die Beteiligung an Whisky, ohne selbst physisch Flaschen oder Fässer zu besitzen.

Vorteile:
- Kein physischer Besitz nötig, keine Lagerproblematik
- Professionelles Management und Zugang zu exklusiven Beständen
- Möglichkeit, von Wertsteigerung schwer zugänglicher Abfüllungen zu profitieren

Risiken:
- Höhere Gebührenstruktur und Verwaltungsaufwand
- Abhängigkeit vom Fondsmanagement und dessen Transparenz
- Eingeschränkte Kontrolle über einzelne Investments
- Risiko unseriöser Anbieter oder von Insolvenzfällen – insbesondere bei unregulierten Plattformen. Anleger sollten daher auf offizielle Regulierung, klare Eigentumsnachweise und rechtliche Absicherung achten.

Börsennotierte Whisky-Konzerne: Aktien und ETFs

Wer das Thema Whisky an der Börse abbilden möchte, kann in Konzerne investieren, die starke Whisky-Marken im Portfolio führen – etwa Diageo, Pernod Ricard, Beam Suntory oder Brown-Forman. Anleger partizipieren hier jedoch nicht an einzelnen Flaschen oder Fässern, sondern an der wirtschaftlichen Entwicklung der Unternehmen selbst.

Vorteile:
- Hohe Liquidität und einfache Handelbarkeit über Börsen
- Kein operativer Aufwand
- Möglichkeit der Dividendenbeteiligung

Risiken:

- Unternehmensrisiko statt direkter Produktwert
- Aktienkurse unterliegen konjunkturellen Schwankungen
- Kein Bezug zu limitierten Sammlerflaschen oder Raritäten

Diese Form des Investments bietet eine Möglichkeit, am globalen Whiskyproduktions-Markt teilzuhaben. Allerdings sind die Renditen an die wirtschaftliche Entwicklung der Unternehmen gebunden – nicht an die Preissteigerungen seltener Abfüllungen. Ein Investment bietet also keine der in diesem Buch angeführten Sachwert-Charakteristika.

Da es sich hierbei um klassische Aktienanlagen in Unternehmen handelt, wird diese Anlageform in diesem Buch nicht weiter vertieft, sondern lediglich der Vollständigkeit halber erwähnt.

4.3 Chancen und Risiken im Flaschen-Investment

Das Investieren in Whiskyflaschen kann faszinierend und renditestark sein – doch wie jede Kapitalanlage birgt sie neben Chancen auch Risiken. In diesem Abschnitt beleuchten wir beide Seiten, um Ihnen einen fundierten, realistischen Blick auf das Potenzial und die Herausforderungen dieser Anlageklasse zu bieten.

4.3.1 Chancen

Verschiedene Faktoren tragen zur Attraktivität von Whiskyflaschen für Investoren bei, insbesondere im Hinblick auf Wertentwicklung und Nachfrage.

Dynamische Wertentwicklung und langfristiger Vermögensschutz

Whiskyflaschen sind ein physischer Sachwert mit geringer Abhängigkeit zu den klassischen Finanzmärkten. Besonders seltene und limitierte Abfüllungen verzeichnen seit Jahren beachtliche Wertsteigerungen. Als begrenztes Gut können Flaschen langfristig einen gewissen Schutz vor Geldentwertung bieten – insbesondere in Zeiten niedriger Zinsen und hoher Geldmengenexpansion.

Begrenzte Verfügbarkeit trifft auf steigende Nachfrage

Limitierte Auflagen, alte Jahrgänge und stillgelegte Brennereien sorgen für eine stetige Verknappung. Gleichzeitig wächst die globale Nachfrage – vor allem in Asien und Nordamerika, wo Whisky zunehmend auch als Statussymbol gilt.

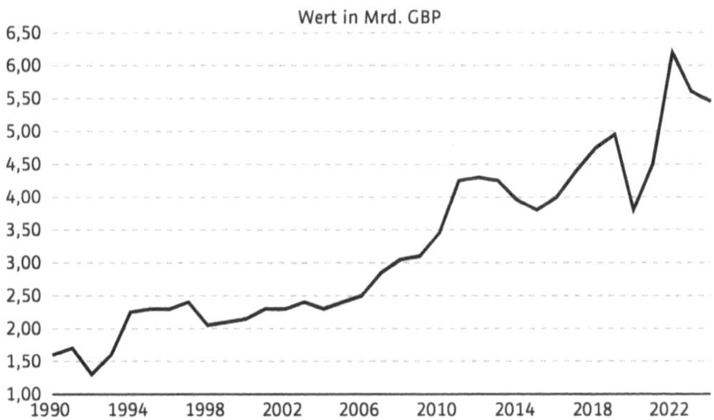

Abbildung 4.1: Scotch-Whisky-Exporte

Wie Abbildung 4.1 zu entnehmen, zeigt der Markt für schottischen Whisky seit Jahren eine kontinuierlich steigende Exportnachfrage. Dieses potenziell wachsende Ungleichgewicht zwischen Angebot und Nachfrage bildet die Basis vieler langfristiger Wertsteigerungen.

Geringe, aber dennoch existente Korrelation zu klassischen Märkten

Whisky zeigt historisch eine schwächere Korrelation zu Aktien-, Anleihe- und Rohstoffmärkten, da seine Wertentwicklung stärker von Konsumentenvertrauen, Kaufkraft im Premiumsegment und globaler Luxusgüternachfrage geprägt ist. Er reagiert damit weniger direkt auf

Zinsschritte oder geopolitische Ereignisse – allerdings ist er auch nicht komplett unabhängig davon.

Steigen die Zinsen deutlich oder sinkt das Konsumentenvertrauen, schwächt sich die Nachfrage im Hochpreissegment spürbar ab; in stabilen oder wachstumsorientierten Marktphasen kann Whisky hingegen stärker profitieren.

Da der Handel überwiegend in Britischen Pfund und Dollar erfolgt, spielt zudem Währungsdiversifikation eine Rolle – eine Chance insbesondere für Euro-basierte Anleger. Die Kehrseite besteht hierbei allerdings im Fall einer längerfristigen strukturellen Abwertung dieser beiden Währungen gegenüber dem Euro, insbesondere, wenn Sie stärker in amerikanische Whiskeys investiert sind.

Emotionaler Wert und Sammlerpotenzial

Investitionen in Whiskyflaschen sprechen neben dem Renditegedanken auch emotionale Faktoren an. Limitierte Editionen, historische Jahrgänge oder Sonderabfüllungen mit kulturellem Bezug schaffen eine starke Sammlerdynamik.

Da der Whisky-Markt vergleichsweise klein und wenig reguliert ist, eröffnen sich für gut informierte Anleger echte Informationsvorteile. Wer Trends früh erkennt oder Marktkenntnis besitzt, kann überdurchschnittliche Renditen erzielen – ein Vorteil, den man in effizienteren Kapitalmärkten schwieriger findet.

Niedrige Einstiegshürde und wachsende Liquidität

Bereits mit wenigen Hundert Euro lässt sich in Whisky investieren – sei es über Einzelflaschen, Plattformen oder Gemeinschaftsdepots. Whisky ist zwar kein täglich handelbares Gut wie Aktien, doch der Markt hat in den letzten Jahren stark an Liquidität gewonnen. Digitale Plattformen, spezialisierte Auktionshäuser und Händlernetzwerke ermöglichen heute einen weltweiten Handel – deutlich transparenter und schneller als noch vor einem Jahrzehnt.

Steuerliche Vorteile

Whisky-Investments können, je nach Land, steuerliche Vorteile bieten. Oft fallen Verkäufe von Whisky-Flaschen unter die Regelung der privaten Veräußerungsgeschäfte. Gewinne aus Verkäufen nach einer gewissen Haltedauer sind somit oft steuerfrei.

Damit zählt Whisky, ähnlich wie physisches Gold, zu den wenigen Anlageformen, die langfristig reale Wertsteigerungen ermöglichen, ohne sofort steuerpflichtig zu werden. (Hinweis: Diese Regelung kann je nach Ihrem Heimatland und Ihrer individuellen Steuersituation unterschiedlich ausfallen.)

Professionalisierung und Marktinfrastruktur

Der Whisky-Markt hat sich in den letzten Jahren stark professionalisiert. Preisindizes wie der Rare Whisky Icon 100 Index oder der Whiskystats Whisky Index, spezialisierte Auktionshäuser, digitale Handelsplattformen und Versicherungsangebote sorgen für weiter steigende Transparenz und Vertrauen.

Diese institutionelle Entwicklung ist ein entscheidender Faktor für die langfristige Attraktivität des Marktes – sie ermöglicht strukturiertes Investieren, erleichtert Bewertungen und schafft stabile Rahmenbedingungen für Privatanleger wie auch für institutionelle Investoren.

Genuss im „Worst Case"

Ein charmantes Extra: Selbst im Fall eines Wertverlusts bleibt Whisky ein hochwertiges Genussprodukt – ein Vorteil, den kaum eine andere Anlageklasse bieten kann.

4.3.2 Risiken

Neben den genannten Chancen sind auch potenzielle Unsicherheiten und Gefahren dieser Anlageklasse zu berücksichtigen.

Fälschungen und Betrug

Der Wert seltener Abfüllungen zieht Fälscher an. Immer wieder tauchen manipulierte oder nachgefüllte Flaschen auf – teils sogar bei Auktionen. Ohne Expertise und seriöse Bezugsquellen drohen teure Fehlkäufe.

Daher gilt: Kaufen Sie nur bei etablierten Händlern, Auktionshäusern oder über geprüfte Plattformen. Echtheitszertifikate, Originalrechnungen und professionelle Begutachtungen sind jedenfalls empfehlenswert.

Eingeschränkte Liquidität

Whisky ist noch kein täglich handelbares Gut wie Aktien oder ETFs. Zwar hat sich die Marktliquidität in den letzten Jahren deutlich verbessert, dennoch hängt der erzielbare Preis weiterhin stark von Angebot, Nachfrage und Sammlerinteresse ab. In Phasen schwächerer Nachfrage kann es bei speziellen Abfüllungen länger dauern, einen passenden Käufer zu finden. Wer in Whisky investiert, sollte daher einen mittel- bis langfristigen Anlagehorizont einplanen und nicht auf die kurzfristige Verfügbarkeit seines Kapitals setzen.

Lagerung und Transport

Unsachgemäße Lagerung, wie zum Beispiel starke Einflüsse durch Licht, Hitze, hohe Luftfeuchtigkeit oder Temperaturschwankungen, kann Etikett, Verpackung und Füllstand beeinträchtigen und so massive Wertverluste verursachen. Eine professionelle, versicherte Lagerung schützt vor finanziellen Schäden und dokumentiert zugleich die einwandfreie Lagerung. Auch der Transport sollte ausschließlich versichert und über erfahrene Dienstleister erfolgen.

Trend- und Modeeffekte

Nicht jede Marke oder Edition bleibt dauerhaft gefragt. Hypes können ebenso schnell abflachen, wie sie entstehen. Märkte wie japanischer Whisky haben gezeigt, dass Übertreibungen zu deutlichen Preiskorrekturen führen können.

Langfristige Stabilität bieten in der Regel renommierte Brennereien mit konstanter Produktionsqualität und Sammlertradition. Wer auf kurzfristige Trends setzt, riskiert finanzielle Verluste.

Marktintransparenz und Wissensdefizite

Der Whisky-Markt professionalisiert sich immer weiter, ist aber im Vergleich zu anderen Märkten noch stark fragmentiert und kaum reguliert. Ohne Marktkenntnis drohen Fehleinschätzungen, Überbezahlung oder verpasste Chancen. Speziell im Bereich der weniger gehandelten Flaschen und Destillerien ist der Markt noch sehr intransparent.

Ein solides Grundwissen über Brennereien, Jahrgänge und Handelsmechanismen – oder die Zusammenarbeit mit spezialisierten Beratern – ist daher unerlässlich.

Psychologische Faktoren

Wie bei allen Investments spielen Emotionen eine Rolle: Begeisterung für Marken, Sammlertrieb oder der Wunsch nach „besonderem Besitz" können rationale Entscheidungen überlagern. Disziplin, Marktkenntnis und ein klarer Anlageplan helfen, impulsives Handeln zu vermeiden.

Neben Whiskyflaschen als grundlegende Anlageform in Whisky existiert mit Whiskyfässern eine zweite, davon getrennt zu betrachtende Kategorie des Investments.

Zwar konzentrieren sich die folgenden Kapitel vorwiegend auf abgefüllte Whiskys in Flaschen, also auf deren Sekundärmarkt, doch verdient das Thema Fass-Investments eine gesonderte Betrachtung. Fässer folgen nämlich eigenen Marktmechanismen, rechtlichen Rahmenbedingungen und Bewertungslogiken.

Im nachfolgenden Unterkapitel beleuchten wir daher die Besonderheiten dieser Anlageform genauer: von den Chancen während der Reifung über die Risiken bei Lagerung und Handel bis hin zu den praktischen Aspekten des Verkaufs.

4.4 Chancen und Risiken im Fass-Investment

Whisky-Fass-Investments unterscheiden sich deutlich von Investments in Flaschen – sowohl hinsichtlich der Zugänglichkeit als auch der Abwicklung.

Ein Fass lässt sich nicht einfach online bestellen oder nach Hause liefern. Der Zugang zum Markt ist komplexer und sowohl Lagerung als auch Verkauf erfordern spezielle Strukturen, Partner und Dokumentationen.

Kauf von Fässern

Der Erwerb eines Fasses, ob als New Make Spirit oder bereits gereifter Whisky, erfolgt in der Regel nicht direkt über die Destillerie, sondern über Händler oder spezialisierte Broker.

Diese kaufen regelmäßig Fässer im eigenen Namen oder im Auftrag von Investoren und verfügen über etablierte Zugänge zu Lagerhäusern und Produzenten. Alternativ kann der Erwerb über Einkaufsgemeinschaften erfolgen, die größere Mengen bündeln, um Zugang zu begehrten Beständen zu erhalten.

Da die meisten Investoren selbst kein eigenes Netzwerk im B2B-Whiskyhandel besitzen, ist die Zusammenarbeit mit einem seriösen Broker oder Händler nahezu unverzichtbar. Dieser übernimmt die Beschaffung, hilft bei der Einlagerung und der späteren Abwicklung eines Verkaufs.

Wichtig ist hierbei vor allem die klare Eigentumsübertragung des Whiskyfasses. Da es kein zentrales Register für Whiskyfässer gibt, gilt die Rechnung auf Ihren Namen als entscheidender Eigentumsnachweis. Achten Sie darauf, dass jede Transaktion in Ihrem Namen und auf Ihre Rechnung erfolgt – egal, ob Sie ein junges oder bereits gereiftes Fass erwerben.

Sollte der Händler, das Lagerhaus oder die Plattform in finanzielle Schwierigkeiten geraten, bleibt so der Eigentumsanspruch eindeutig bei Ihnen.

Zusätzlich ist eine „Delivery Order" – also eine offizielle Eingangsbestätigung des Lagerhauses – zwingend erforderlich. Dieses Dokument bestätigt sowohl den physischen Eingang des Fasses als auch den rechtlichen Besitzübergang. Erst mit dieser Kombination (Rechnung + Delivery Order) gilt ein Investment als sauber dokumentiert und rechtlich weitestgehend abgesichert.

Lagerung von Fässern

Fässer sollten grundsätzlich in einem registrierten Zolllager (Bonded Warehouse) eingelagert werden. Diese Lager unterliegen einer strengen Buchführung und werden regelmäßig von Zollbehörden kontrolliert. Idealerweise arbeitet das Lagerhaus bereits seit vielen Jahren mit Ihrem Broker zusammen – ein Zeichen für Professionalität und Vertrauenswürdigkeit.

Ein seriöser Anbieter ermöglicht Ihnen außerdem, Ihr Fass physisch zu besichtigen. Dies dient nicht nur der Kontrolle der tatsächlichen Existenz, sondern ist auch entscheidend für das laufende Fassmanagement. Bei langfristigen Investments und älteren Fässern kann es notwendig sein, regelmäßig den Zustand selbst zu überprüfen oder überprüfen zu lassen, Proben zu entnehmen oder das Fass umzulegen – etwa in ein kleineres Fass oder zur Nachreifung (Finishing) in eine andere Fassart.

Solche Maßnahmen schützen vor Qualitätsverlust und sichern die Marktfähigkeit im späteren Verkauf. Ein professionelles Fassmanagement ist daher kein Luxus, sondern wesentlicher Bestandteil der Werterhaltung.

Kostenstruktur

Im Rahmen der Lagerung entstehen laufende Kosten, die sich im Wesentlichen in drei Kategorien gliedern:

- Lagerkosten – Miete und Verwaltung durch das Warehouse

- Versicherungskosten – Schutz gegen Brand, Diebstahl oder Auslaufen
- Servicegebühren des Brokers – meist in Form einer prozentualen Beteiligung am späteren Verkaufserlös und/oder kleinen jährlichen Managementgebühren

Die Gesamtkosten bleiben im Verhältnis zum potenziellen Wertzuwachs meist moderat, sollten aber im Vorfeld klar offengelegt und dokumentiert werden.

Verkauf und Exit-Strategien

Beim Verkauf – also dem Exit aus Ihrem Fass-Investment – bestehen grundsätzlich drei Wege:

- Verkauf an einen anderen Investor (zum Beispiel über Broker oder private Netzwerke)
- Verkauf an einen unabhängigen Abfüller (Independent Bottler), der den Whisky entweder als Single Cask abfüllt oder als Blend weiterverarbeitet
- Rückverkauf an ursprüngliche Händler/Broker, die attraktive Fässer oft selbst wieder ankaufen, um sie eigenständig zu vermarkten oder abzufüllen

Jede dieser Optionen erfordert Erfahrung, Marktkenntnis und Zugang zu relevanten Käufern – weshalb die Wahl des richtigen Partners entscheidend ist. Falls Sie über ein eigenes Vertriebsnetz verfügen, könnte eine weitere Option auch darin bestehen, den Whisky in Flaschen abfüllen zu lassen und eigenständig zu vermarkten.

Ein Whisky-Fass-Investment ist keine reine „Buy and Hold“-Strategie, sondern ein aktives Sachwert-Investment, das Planung, Dokumentation und partnerschaftliche Betreuung erfordert. Die richtige Auswahl des Brokers, die korrekte Eigentumsübertragung und ein durchdachtes Fassmanagement sind ausschlaggebend für den Erfolg. Gerade deshalb empfiehlt es sich, mit einem Händler oder Broker zusammenzuarbeiten, der zugleich unabhängiger Abfüller ist – um sowohl von dessen praktischem Know-how als auch seinem Netzwerk im Handel und Abfüllmarkt zu profitieren.

Doch wo Chancen bestehen, lauern auch Risiken. Der Markt für Fass-Investments hat in den letzten Jahren stark an Popularität gewonnen – und zieht damit leider auch weniger seriöse Anbieter und undurchsichtige Online-Plattformen an.

Im Folgenden werfen wir daher einen kompakten, aber kritischen Blick auf die wichtigsten Chancen und Risiken von Whisky-Fass-Investments – und zeigen, wie Sie Ihr Kapital strukturiert, sicher und mit realistischen Erwartungen einsetzen.

4.4.1 Chancen

Verschiedene Faktoren tragen dazu bei, dass sich Chancen bei Whiskyfass-Investments eröffnen, insbesondere für Branchenkenner.

Natürliche Wertsteigerung durch Reifung

Ein entscheidender Vorteil von Fass-Investments liegt im biologischen Wertzuwachs: Während der Whisky reift, verändern sich sein Charakter, seine Qualität – und meist auch sein Marktwert.

Ein gut gepflegtes Fass kann über die Jahre signifikant an Wert gewinnen, da ältere Whiskys seltener werden und gleichzeitig an Komplexität gewinnen. Der Reifeprozess selbst ist somit ein natürlicher Werttreiber.

Begrenztes Angebot bei wachsender industrieller Nachfrage

Im Gegensatz zu Flaschen entsteht bei Fässern eine wirtschaftlich fundierte Nachfrage – vor allem durch unabhängige Abfüller (Independent Bottlers) und Blended-Malt-Produzenten. Gleichzeitig ist das Angebot an hochwertigen, gereiften Fässern begrenzt: Viele Destillerien verkaufen kaum noch Fassware an Dritte. Dieses potenzielle

Ungleichgewicht zwischen Angebot und industrieller Nachfrage schafft stabile Werttreiber – vorausgesetzt, die Nachfrage am Abnehmermarkt bleibt weiterhin stark.

Vielfältige Exit-Strategien für Branchenkenner

Ein Whiskyfass bietet verschiedene Möglichkeiten der Verwertung:

- Verkauf an unabhängige Abfüller
- Eigene Markenabfüllung
- Teilverkauf oder Re-Racking, die Umlagerung eines Whiskys in ein anderes Fass zwecks Qualitätssteigerung

Diese Flexibilität ermöglicht es, je nach Marktphase und Reifegrad individuell zu entscheiden, wann und wie Gewinne realisiert werden, erfordert aber in jedem Fall eine tiefere Branchenkenntnis.

Geringe Marktvolatilität und potenzieller Inflationsschutz

Fasspreise reagieren kaum auf kurzfristige Schwankungen der Finanzmärkte. Sie folgen einem langsamen, realwirtschaftlich geprägten Zyklus aus Reifung, Nachfrage und Angebot. Da Whiskyflaschen von unabhängigen Abfüllern fast ausschließlich konsumiert werden und weniger sammelrelevant sind, bildet sich die Nachfrage primär aus realwirtschaftlichen Bedürfnissen der Konsumenten und nicht aus spekulativem Sammlerinteresse. Da die Preise für Whiskyflaschen mit der Zeit an die Inflation angepasst werden, erhöht sich folglich auch der Preis, den unabhängige Abfüller für Fässer bezahlen können. Als physischer Sachwert bietet ein Whiskyfass somit einen gewissen Schutz vor Inflation und monetärer Entwertung.

Steuerliche Vorteile

Whiskyfässer können – je nach Land und Haltedauer – steuerlich begünstigt sein.

In vielen Ländern gelten Gewinne aus dem Verkauf physischer Güter nach einer gewissen Haltefrist als steuerfrei. (Hinweis: Dies hängt von der individuellen steuerlichen Situation und nationalen Gesetzgebung ab.)

4.4.2 Risiken

Neben den genannten Chancen sind auch die potenziellen Risiken von Whiskyfass-Investments zu nennen.

Plattform- und Händlerrisiko

Der Markt für Fass-Investments ist kaum reguliert. Es existieren zahlreiche Anbieter – darunter auch viele unseriöse. Fehlende Eigentumsübertragungen, Scheinverkäufe oder nicht eingelagerte Fässer kommen immer wieder vor. Daher ist es ratsam, ausschließlich bei etablierten Brokern mit nachweisbaren Lagerverträgen, Rechnungen und Delivery Orders zu kaufen.

Eingeschränkte Liquidität und Exit-Timing

Fässer lassen sich nicht spontan verkaufen. Der Abnehmermarkt ist kleiner, die Nachfrage abhängig von Destillerie, Alter, Fassart und Qualität.

Wer Fässer hält, sollte mindestens einen mittleren bis langen Anlagehorizont (fünf bis zehn Jahre) einplanen und Verkäufe strategisch vorbereiten.

Lagerung, Verdunstung und Qualitätsrisiken

Während der Reifung verdunsten jährlich etwa ein bis zwei Prozent des Fassinhalts – der sogenannte Angel's Share. Zudem kann ein Fass undicht werden oder geschmacklich kippen, wenn es nicht richtig gepflegt wird.

Professionelles Fassmanagement und regelmäßige Kontrolle (Sampling, Re-Gauging, Umfüllung) sind daher unverzichtbar.

Marktintransparenz und fehlende Preisstandards

Es existieren keine offiziellen Preisindizes für Fässer. Bewertungen basieren auf Erfahrungswerten, Abfüllerpreisen und Verkaufsergebnissen. Ohne Fachwissen oder erfahrene Berater besteht das Risiko, zu teuer einzukaufen oder zu früh zu verkaufen. Oft werden von Brokern die Fässer von einem Investor zum anderen weiterverkauft und somit künstliche Preissteigerungen erzeugt, die letztendlich über dem tatsächlichen Marktwert liegen. Der letzte Investor bleibt somit auf seinem vermeintlich guten Investment sitzen und ist unter Umständen gezwungen, mit Verlust an einen unabhängigen Abfüller zum tatsächlichen Marktwert zu verkaufen.

Rechtliche und steuerliche Komplexität

Besonders bei internationalen Transaktionen (UK, EU, USA) sind Zoll-, Eigentums- und Steuerfragen komplex.

Eine klare Dokumentation (Rechnung, Delivery Order, Lagerbestätigung) und rechtssichere Verträge sind Pflicht, um Eigentum und Haftung eindeutig zu regeln.

Abhängigkeit vom Brokernetzwerk

Da der Zugang zu Destillerien und Abfüllern meist über Broker erfolgt, sind Investoren auf deren Kontakte und Integrität angewiesen.

Fällt ein Broker aus, kann der Verkauf erheblich erschwert werden – ein weiterer Grund, ausschließlich mit erfahrenen und etablierten Partnern zu arbeiten.

4.4.3 Fazit

Whisky-Fass-Investments bieten somit eine spannende Kombination aus realem Wertzuwachs, begrenztem Angebot und industrieller Nachfrage.

Sie eignen sich vor allem für Anleger mit mittel- bis langfristigem Horizont, die bereit sind, aktiv zu managen oder sich professionell begleiten zu lassen.

Wer sauber dokumentiert, mit seriösen Partnern arbeitet und seine Fässer regelmäßig prüfen lässt, kann vom natürlichen Reifeprozess profitieren – und dabei eine Anlageform nutzen, die weitgehend unabhängig von klassischen Finanzmärkten funktioniert.

An dieser Stelle eine persönliche Anmerkung: Neuen und unerfahrenen Whisky-Anlegern rate ich davon ab, in Fässer zu investieren, da die Risiken und potenziellen Fehlerquellen hier deutlich stärker ins Gewicht fallen können als im Bereich der Flaschen-Investments. Im weiteren Verlauf des Buches wird der Hauptfokus daher auf Investments in Whiskyflaschen liegen.

Whisky ist zwar ein außergewöhnlicher Sachwert – aber kein risikoloses Investment. Illiquidität, Marktintransparenz, Fälschungsrisiken und regulatorische Unsicherheiten machen Umsicht und Fachwissen unabdingbar.

Wie Sie mit diesen Chancen und Risiken sinnvoll umgehen, Ihre Investmentstrategie darauf ausrichten und mögliche Fallstricke gezielt umgehen können, erfahren Sie in den kommenden Abschnitten. Dort werden wir praxisnah erörtern, wie Sie fundierte Entscheidungen treffen, Ihr Portfolio aufbauen und langfristig erfolgreich in Whisky investieren – mit klarem Blick, realistischen Erwartungen und einem Gespür für das Besondere. Zuvor werfen wir aber noch einen Blick auf die Wertentwicklung von Whisky im zeitlichen Verlauf.

4.5 Historische Wertentwicklung von Whisky

Wie Sie bereits im vorhergehenden Kapitel über die Grundlagen des Investierens gelesen haben, zeigen Whiskywerte über längere Zeiträume ein wachstumsorientiertes, aber teils zyklisches Verhalten, das stärker von Konsumentenvertrauen und Luxusgüternachfrage als von klassischen Finanzmarktindikatoren beeinflusst wird. Um die langfristige Entwicklung des Marktes besser nachvollziehen zu können, betrachten wir im Folgenden verschiedene Indizes, die die Preisentwicklung von Whisky-Fässern und auch Abfüllungen am Whisky-Sekundärmarkt abbilden. Neben breit gefassten Marktindizes analysieren wir auch die Performance einzelner schottischer Brennereien und machen so Unterschiede innerhalb des Marktes sichtbar.

Beginnen wir zunächst mit der differenzierten Betrachtung der Märkte von Whisky-Fässern und Whisky-Flaschen.

Im Gegensatz zu Flaschen, die überwiegend im Luxus- und Sammlermarkt gehandelt werden, folgen Whisky-Fässer ganz eigenen Marktmechanismen. Sie sind im Kern Rohstoffe der Whiskyindustrie und werden vor allem von unabhängigen Abfüllern erworben, um später abgefüllt und als Markenprodukte verkauft zu werden.

Damit unterliegen Fasspreise stärker den Produktions-, Reife- und Nachfragezyklen der Branche und spiegeln weniger Sammlertrends, sondern vielmehr die ökonomische Realität des Whiskyhandels wider.

4.5.1 Entwicklung der Whisky-Fass-Preise

Bei der Betrachtung der Preisentwicklung von Whiskyfässern ist eine differenzierte Analyse notwendig. Einerseits lassen sich die Marktpreise für Fässer mit verschiedenen Reifegraden (3, 5, 8, 12, 18 oder 25 Jahre alt) über die Jahre hinweg vergleichen. Andererseits verändert sich auch der individuelle Wert eines einzelnen Fasses, während es im Lager weiter reift und somit kontinuierlich an Seltenheit und Charakter gewinnt.

Diese doppelte Dynamik – Marktentwicklung und Reifungszuwachs – macht Whiskyfässer zu einer außergewöhnlich spannenden Anlageform.

In Abbildung 4.2 ist die durchschnittliche Preisentwicklung von vier Jahre altem, tatsächlich gehandeltem Malt Whisky dargestellt, angegeben in Britischen Pfund pro Liter Reinalkohol (LPA = Litres of Pure Alcohol).

Zum Vergleich: Ein Liter Whisky mit 40 Prozent Alkoholgehalt entspricht 0,4 LPA.

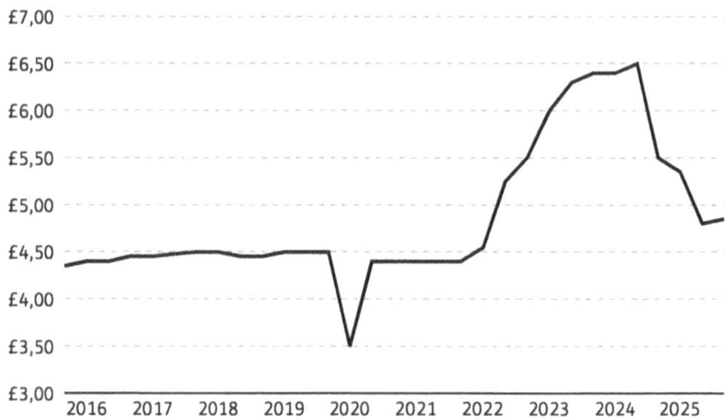

Abbildung 4.2: Malt Whisky LPA Preise im zeitlichen Verlauf

Die Daten zeigen deutlich: Zwischen 2015 und 2022 bewegten sich die Preise für vier Jahre alte Malt Whiskys nicht – der Markt verlief stabil, getragen von realwirtschaftlicher Nachfrage und zugleich auch steigender Produktion.

Im Zeitraum 2022 bis 2025 hingegen kam es zu einer deutlichen Preisübertreibung, getrieben durch eine Welle kurzfristiger Spekulation und überzogener Renditeversprechen seitens unseriöser Händler. Diese Phase kann als klassisches Beispiel für Marktüberhitzung betrachtet werden, wie sie bei wachsender medialer Aufmerksamkeit und neuen Anlegerströmen häufig auftritt.

Abbildung 4.3 zeigt den Verlauf des Preises eines im dritten Quartal 2016 abgefüllten Glen Moray. Die Preise sind angegeben in Britischen Pfund pro Liter Reinalkohol. Zu erkennen ist der stetige Anstieg des Preises mit zunehmendem Alter des Whiskys.

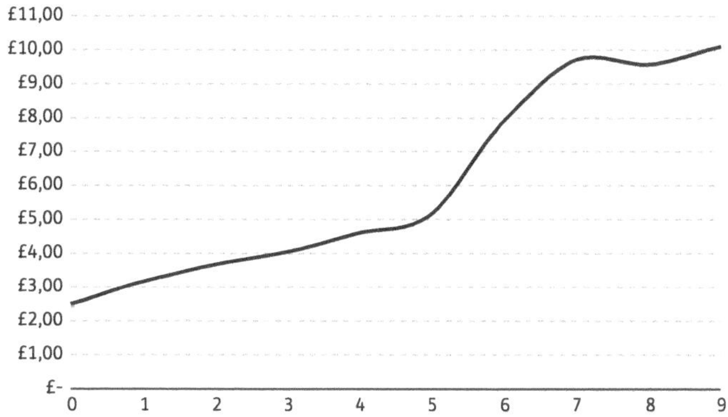

Abbildung 4.3: Glen Moray LPA Preise im zeitlichen Verlauf

Grundsätzlich lässt sich damit festhalten: Der Wert eines Whiskyfasses steigt im Verlauf der Zeit – vor allem durch die Reifung selbst als auch durch die zunehmende Knappheit älterer Bestände.

Da der Anteil an Fässern, die über lange Zeiträume reifen dürfen, stetig sinkt, nimmt der Preiszuwachs mit steigendem Alter überproportional zu.

Schätzungen zufolge werden nur rund zehn Prozent aller produzierten Whiskys länger als zwölf Jahre im Fass gelagert – ein zentraler Grund für die teils erheblichen Preisunterschiede zwischen jüngeren und älteren Whiskys.

Typische Wertstufen während der Reifung

Mit zunehmender Fassreife erreichen Whiskys bestimmte Schwellen, die von Markt und Industrie als Qualitäts- und Preispunkte wahrgenommen werden. Besonders folgende Altersstufen gelten als markante Wendepunkte, in denen stärkere Preis- und Angebotsschwankungen auftreten können:

- 3 Jahre: Der New Make Spirit darf offiziell als „Whisky" bezeichnet werden – erste Bewertbarkeit am Markt.

- 8 Jahre: Besonders bei unabhängigen Abfüllern stark gefragt; erste nennenswerte Geschmacksreife.
- 12 Jahre: Etablierter Qualitätsstandard – häufige Benchmark in den sogenannten Core Ranges, den dauerhaft erhältlichen Standardabfüllungen einer Destillerie, sowie bei vielen Single Malts.
- 18 Jahre: Übergang in das Premium-Segment; deutlicher Preissprung pro Liter Reinalkohol.
- 21 Jahre: Raritätenstatus – meist nur noch in kleineren Beständen verfügbar.
- 30 Jahre: Luxussegment; häufig nur für Einzelfassabfüllungen.
- 40 Jahre und älter: Extrem seltene Sammlerstücke; Preisbildung erfolgt individuell nach Herkunft, Zustand und Historie.

Praxisbeispiel eines Single-Malt-Scotch-Whiskyfasses
(Preise von 1 Liter Reinalkohol [LPA] in Britische Pfund)

New Make:	GBP 6,5
3 Jahre:	GBP 12
8 Jahre:	GBP 25
12 Jahre:	GBP 33

Die Analyse von mehreren Hundert tatsächlich gehandelten Scotch-Whiskyfässern im Zeitraum von 2018 bis 2024 zeigt eine durchschnittliche jährliche Rendite von rund zwölf Prozent, sofern die Fässer mindestens drei Jahre gehalten wurden – unabhängig davon, ob ursprünglich New Make Spirit oder bereits gereifte Fässer erworben wurden.

Hinweis: In diesem Zeitraum kam es zu Übertreibungen am Markt, ausgelöst durch eine erhöhte Nachfrage seitens der Investoren. Es bleibt abzuwarten, wie sich die Zahlen in Zukunft entwickeln.

Überdurchschnittliche Erträge traten insbesondere dann auf, wenn gezielt an den markanten Wertstufen der Reifung (zum Beispiel 8, 12, 18 oder 21 Jahre) gehandelt wurde oder wenn es sich um außergewöhnliche Fässer handelte – etwa aus seltenen Destillerien, mit besonderen Fassarten (Sherry, Port, Rum).

Ähnlich wie bei Flaschen-Abfüllungen variiert die Wertentwicklung von Fässern stark in Abhängigkeit von mehreren Faktoren:

- Abfüllende Destillerie und Markenreputation
- Fassart und Vorbelegung (Sherry, Bourbon, Wein et cetera)
- Alter und Reifungsqualität
- Seltenheit und Nachfrage durch unabhängige Abfüller
- Lagerort und steuerliche Rahmenbedingungen (Duty Paid versus Bonded Warehouse)

Diese Kombination aus physischen Eigenschaften, Markendynamik und Reifungsfortschritt macht Whiskyfässer zu einer komplexen, aber hochinteressanten Anlageform. Die Wertsteigerung erfolgt dabei weniger sprunghaft als bei Flaschenauktionen, sondern meist kontinuierlich über die Jahre – getragen von realwirtschaftlicher Nachfrage und wachsender Knappheit älterer Bestände.

4.5.2 Entwicklung der Whisky-Flaschenpreise

Während der Markt für Whiskyfässer bislang nur begrenzt durch öffentliche Daten messbar ist, bietet der Sekundärmarkt für Flaschen und Abfüllungen deutlich mehr Transparenz.

Hier bilden spezialisierte Preisindizes die Preisentwicklung Tausender Auktionen weltweit ab und liefern wertvolle Anhaltspunkte zur Marktentwicklung.

Diese Flaschen-Indizes dienen nicht nur als Benchmark für Sammler, sondern auch als Indikator für die allgemeine Marktstimmung im Whiskysegment.

Da die Preisentwicklung von Fässern langfristig mit den Trends des Flaschenmarktes korreliert, lassen sich aus diesen Indizes auch wertvolle Rückschlüsse auf die zukünftige Attraktivität und Preisentwicklung von Fassinvestments ziehen.

Whiskystats Whisky Index

Einer der umfassendsten aller Whisky-Indizes, der Whiskystats Whisky Index, zeigt die monatliche Wertentwicklung der 500 historisch am häufigsten gehandelten Whisky-Flaschen. Damit bietet der Index einen guten Überblick über den liquiden Teil des Sammlermarktes – also über jene Whiskys, die regelmäßig gehandelt und weltweit nachgefragt werden.

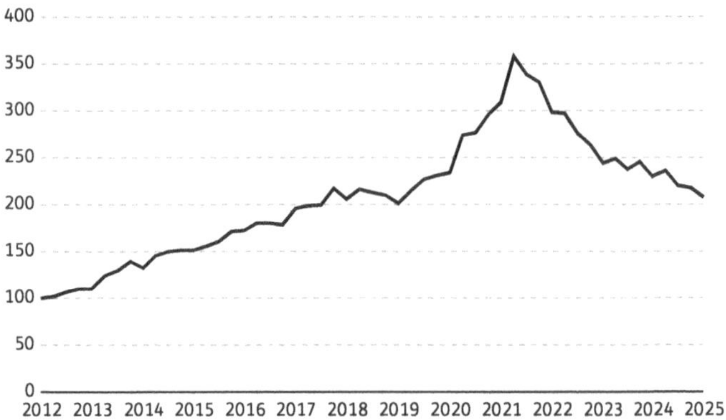

Abbildung 4.4: Whiskystats Whisky Index

Icon 100 Index

Der Rare Whisky Icon 100 Index misst die Wertentwicklung der 100 begehrtesten Sammler-Whiskys, die regelmäßig auf Auktionen im Vereinigten Königreich gehandelt werden. Er gilt als einer der etabliertesten Referenzwerte für den britischen Sekundärmarkt.

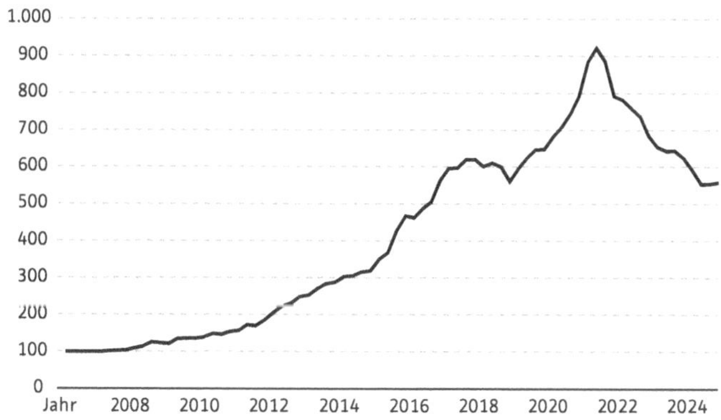

Abbildung 4.5: Rare Whisky Icon 100 Index

Gut erkennbar ist, dass die fokussierte Betrachtung des obersten Marktsegments – also der 100 meistgehandelten Premiumflaschen im Rare Whisky Icon 100 Index – eine deutlich höhere Wertentwicklung zeigt als der breitere Markt, der im Whiskystats Whisky Index mit 500 Flaschen abgebildet wird.

Dies verdeutlicht, dass das High-End-Segment des Whisky-Marktes überproportional vom weltweiten Sammlerinteresse und der Knappheit seltener Abfüllungen profitiert.

Bereits hier wird deutlich, dass es selbst innerhalb der Anlageklasse Whisky signifikante Unterschiede gibt – abhängig von der Art der Investition (Flasche oder Fass) und dem betrachteten Marktsegment (breiter Index mit 500 Flaschen versus fokussierter Premiumindex mit 100 Flaschen).

Um diese Unterschiede weiter einzuordnen, betrachten wir im folgenden Chart die Preisentwicklung von Single-Grain-Whiskys. Sie ermöglicht eine gezielte Abgrenzung zwischen dem allgemeinen Whisky-Markt und dem spezifischen Segment der Grain-Whiskys – einem Teilmarkt, der sich in puncto Dynamik und Nachfrageverhalten deutlich unterscheidet.

Single Grain 100 Index

Der Rare Whisky Single Grain 100 Index bildet die Wertentwicklung von 100 gefragten Single Grain Whiskys ab, die regelmäßig auf dem Sekundärmarkt gehandelt werden.

Im Gegensatz zu Single Malt Whiskys stammen Grain Whiskys meist aus größeren Brennereien und werden überwiegend für Blends verwendet. Dennoch haben sich einige seltene Grain-Abfüllungen zu gesuchten Sammlerstücken entwickelt. In der Abbildung erkennen Sie ein zeitlich verspätetes Einsetzen der Nachfrage nach Single-Grain-Abfüllungen und einen weniger starken Anstieg der Preisentwicklung – was in der Folge zu einem weniger starken Einbruch der Nachfrage ab dem Jahr 2022 führt.

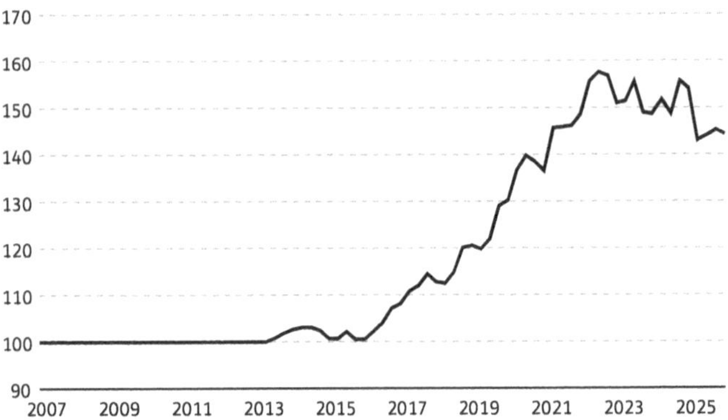

Abbildung 4.6: Rare Whisky Single Grain 100 Index

Im Weiteren werden wir nun einen Blick auf die Unterschiede der Indizes verschiedener schottischer Destillerien werfen, die jeweils 50 gefragte Abfüllungen umfassen.

Macallan Index

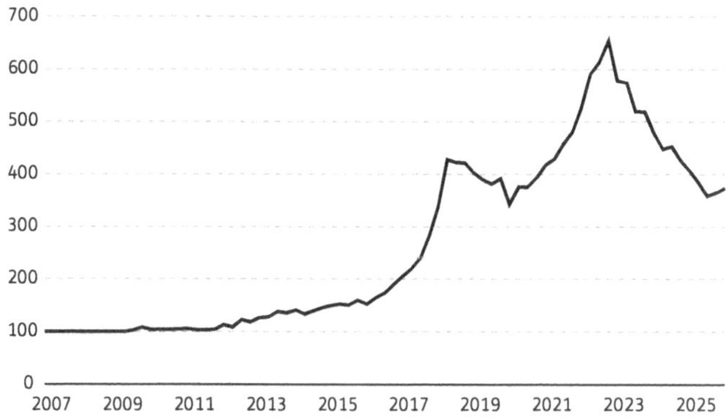

Abbildung 4.7: Rare Whisky Macallan Index

Port Ellen Index

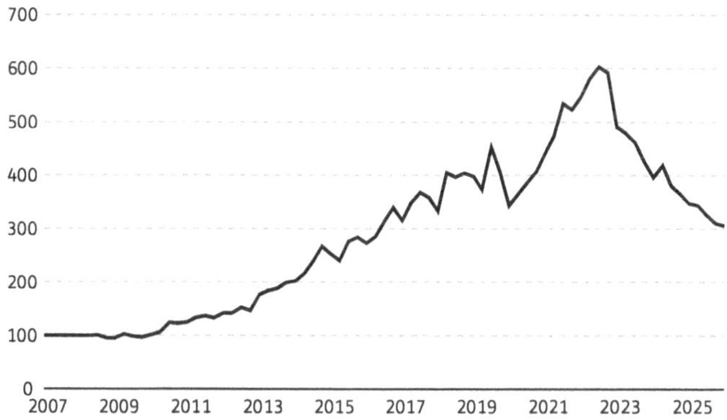

Abbildung 4.8: Rare Whisky Port Ellen Index

Bowmore Index

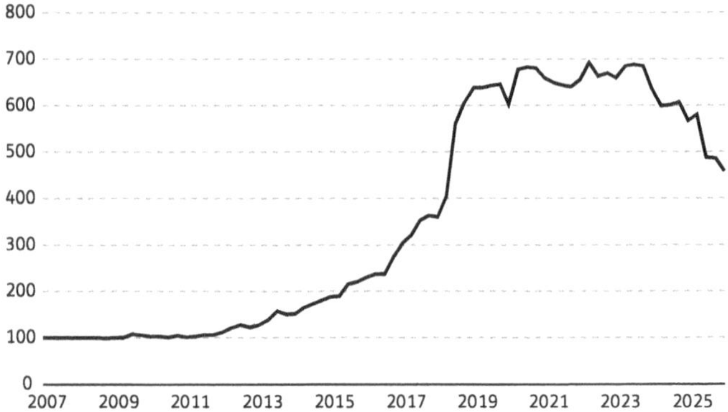

Abbildung 4.9: Rare Whisky Bowmore Index

Springbank Index

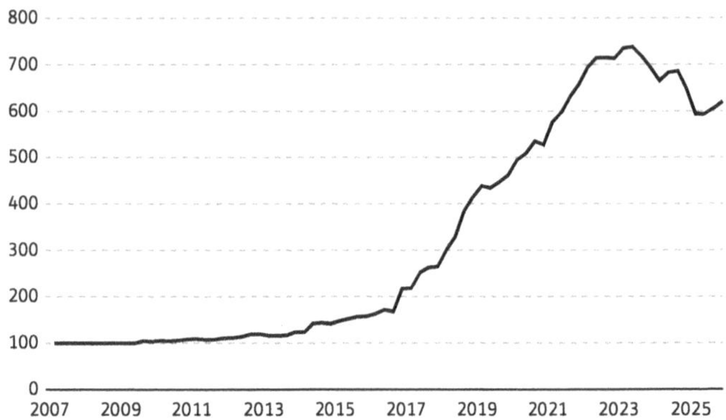

Abbildung 4.10: Rare Whisky Springbank Index

Abbildung 4.11: Rare Whisky Glenlivet Index

Abbildung 4.12: Rare Whisky Glenfiddich Index

Auch wenn sich der Whiskymarkt insgesamt ähnlich verhält, erkennen Sie, dass selbst Whiskys unterschiedlicher schottischer Destillerien unterschiedliche Wertentwicklungen aufweisen.

Werfen wir nun noch einen Blick auf die Entwicklung japanischer Whisky-Abfüllungen. Hier ergibt sich ein eindeutig dynamischeres Bild.

Japanese Icon 100 Index

Der Rare Whisky Japanese Icon 100 Index zeigt die Wertentwicklung von 100 ikonischen japanischen Whiskys aus Brennereien wie Yamazaki, Hakushu oder Hibiki.

Japanischer Whisky hat in den letzten Jahren eine beispiellose Erfolgswelle erlebt – getrieben von internationaler Anerkennung, Auszeichnungen und limitierter Produktion. Nach einem rasanten Anstieg zwischen 2017 und 2021 zeigt der Index zuletzt eine Konsolidierung und erhebliche Preisrückgänge.

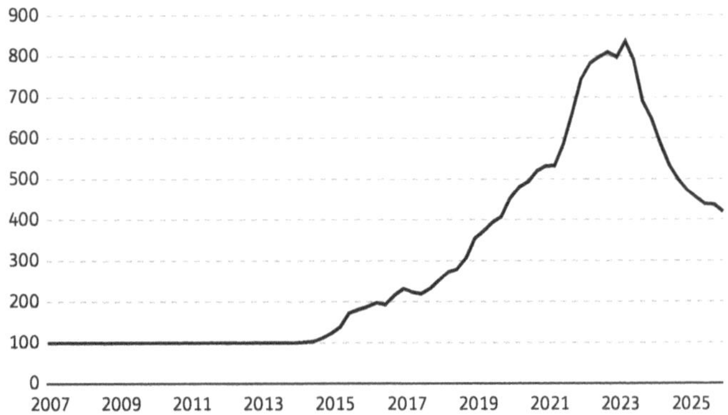

Abbildung 4.13: Rare Whisky Japanese Icon 100 Index

Der Vergleich unterstreicht: Es gibt nicht den einen Whiskymarkt, sondern viele Teilmärkte mit eigenen Dynamiken – und genau darin liegt für Investoren die Chance, gezielt Nischen mit überdurchschnittlichem Potenzial zu identifizieren.

4.6 Whisky im Wirtschaftszyklus – wie globale Trends den Marktwert beeinflussen

Um die bisherigen Beobachtungen auch quantitativ zu untermauern, werden im Folgenden die Preisentwicklungen am Whiskymarkt den Bewegungen zentraler internationaler Wirtschaftsindikatoren gegenübergestellt. Ziel ist es, mögliche Korrelationen und Frühindikatoren zu identifizieren, die Aufschluss über den Einfluss globaler Konjunkturzyklen auf die Wertentwicklung von Whisky geben.

4.6.1 Globale Kräfteverteilung im Whisky-Sekundärmarkt

Bevor wir in die ökonomische Analyse eintauchen, lohnt ein Blick auf die geografische Machtverteilung im globalen Whiskyhandel. Der Sekundärmarkt ist international vernetzt, aber regionale Schwerpunkte prägen Angebot, Preisbildung und Nachfrage auf unterschiedliche Weise.

Europa/Vereinigtes Königreich – das Marktzentrum

Europa – allen voran das Vereinigte Königreich – ist das operative Herz des Whisky-Sekundärmarkts.

Die meisten Auktionsplattformen, Online-Marktplätze und physischen Handelsplätze befinden sich hier. In Großbritannien werden die Preise festgelegt und Marktstatistiken erhoben. Der überwiegende Teil des weltweiten Handelsvolumens (nach Anzahl der Lose) wird über europäische Plattformen wie Whisky Auctioneer, Scotch Whisky Auctions, Bonhams oder Sotheby's abgewickelt.

Asien – der Preistreiber im Luxussegment

Asien – insbesondere Hongkong, Singapur, Taiwan, China und Japan – stellt heute die größte Käuferregion im Premium- und Ultra-Premium-Segment dar.

Asiatische Sammler sind die Hauptakteure bei Rekordverkäufen und treiben die Preise seltener Flaschen und Fässer nachhaltig nach oben. Rund 45 bis 50 Prozent der globalen Nachfrage nach hochwertigen Whiskys stammt inzwischen aus Asien – Tendenz steigend.

USA – Kaufkraft und Sammlerbasis

Nordamerika trägt mit etwa 15 bis 20 Prozent Marktanteil zum globalen Handelsvolumen bei.

US-Investoren sind besonders aktiv im mittleren Preissegment und zeichnen sich durch hohe Kaufkraft und stabile Nachfrage aus, auch wenn sie im Luxussegment weniger dominieren als asiatische Käufer.

Fazit: Europa handelt – Asien kauft

Europa fungiert als Handelsplattform, Asien als Preissetzer. Während also in London, Glasgow oder Edinburgh der Preismechanismus entsteht, bestimmt der asiatische Markt zunehmend die Richtung – ein Muster, das sich auch in den Korrelationen mit globalen Wirtschaftsindikatoren widerspiegelt.

4.6.2 Konsumentenvertrauen als Frühindikator

Ein zentraler Indikator für die Entwicklung von Konsum- und Luxusgütermärkten ist das Konsumentenvertrauen (Consumer Confidence Index, CCI).

In der nachfolgenden Analyse werden die CCI-Werte der wichtigsten Regionen – China, Europäischer Raum und USA – den Preisentwicklungen im Whiskymarkt gegenübergestellt.

Chinas CCI versus Whisky

Das chinesische Konsumentenvertrauen zeigt sich besonders sensitiv gegenüber konjunkturellen Schwankungen, speziell im Bereich der globalen Exportnachfrage. Der CCI spiegelt jedoch die Whisky-Preisentwicklung nur teilweise wider – vor allem, weil der Markt dort längere Zeit planwirtschaftlich wachstumsgetrieben war. Ein niedriger Wert (unter 100) induziert aber in jedem Fall einen Nachfragerückgang und übt einen negativen Preisdruck auf den Whiskymarkt aus.

Abbildung 4.14: China-CCI versus Whisky

CCI im Euroraum versus Whisky

In Europa lässt sich eine moderate, aber zeitlich verzögerte Korrelation beobachten. Fällt das Konsumentenvertrauen, sehen wir auch ein Sinken der durchschnittlichen Auktionspreise – mit einer Verzögerung von rund drei bis sechs Monaten.

Abbildung 4.15: Euroraum-CCI versus Whisky

CCI der USA versus Whisky

In den USA ist die Korrelation schwächer ausgeprägt. Das liegt daran, dass der amerikanische Markt für Sammlerwhiskys im Verhältnis relativ kleiner und weniger preisführend ist.

Abbildung 4.16: United-States-CCI versus Whisky

Die Indizes zum Konsumentenvertrauen sind jedoch nicht der alleinige Faktor, der Aufschluss über die Entwicklung des Whiskymarktes geben kann. Er macht nur sichtbar, ob Konsumenten bereit sind, ihre verfügbare Liquidität auch auszugeben.

4.6.3 Einfluss von Zinsen und Zentralbankbilanzen

Neben dem Konsumentenvertrauen spielen auch Zinsentwicklung und Zentralbankbilanzen eine Rolle bei der Preisentwicklung alternativer Sachwerte.

Zinsen (EU und USA)

Das Zinsniveau zählt zu den wichtigsten Einflussfaktoren für Anlageklassen. Steigende Leitzinsen führen dazu, dass sich Kapital von alternativen Anlagen auf sichere Zinsprodukte verlagert. Festverzinsliche Anlagen werden dann wieder attraktiver, während spekulative oder sammlerorientierte Investments an kurzfristiger Dynamik verlieren.

Diese Entwicklung zeigt sich auch im Whiskymarkt: Mit jeder Zinserhöhung der EZB oder der Federal Reserve verlangsamt sich in der Regel das Preiswachstum am Sekundärmarkt. Anleger zeigen in solchen Phasen mehr Zurückhaltung, insbesondere bei hochpreisigen Abfüllungen und seltenen Fässern. Die Daten der letzten Jahre bestätigen eine negative Korrelation zwischen Leitzinsen und Whisky-Preisentwicklung: Während expansive Geldpolitik (niedrige Zinsen) steigende Preise begünstigt, führen restriktive Phasen mit steigenden Zinsen häufig zu Seitwärtsbewegungen und auch Rückgängen.

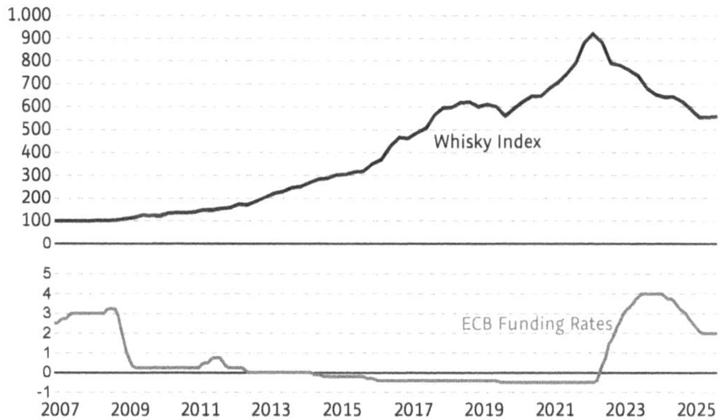

Abbildung 4.17: EZB-Zinsen versus Whisky

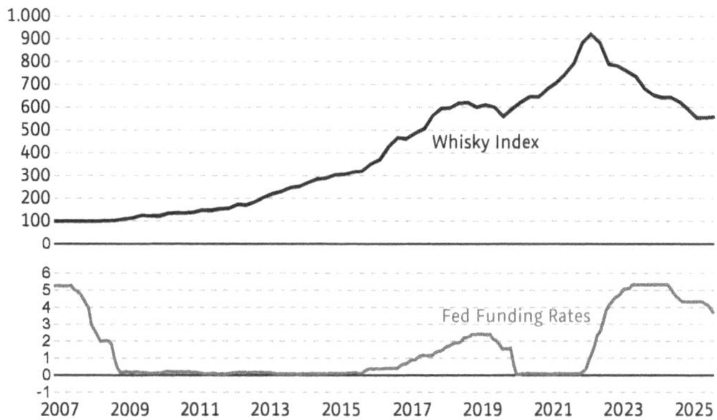

Abbildung 4.18: Fed-Zinsen versus Whisky

Zentralbankbilanzen (Eurozone und USA)

Die Ausweitung der Zentralbankbilanzen – also das „Geldmengenwachstum" durch Anleihekäufe und Liquiditätsprogramme – weist über die letzten Dekaden eine bemerkenswerte Parallelentwicklung zur Aufwertung von Sachwerten auf. Während China durch stetig steigende Zentralbankbestände kaum zyklische Effekte zeigt, spiegeln diese sich in den USA und Europa deutlich: Sowohl in den USA als auch in der Eurozone korrelieren steigende Zentralbankbilanzen mit steigenden Whisky-Preisen, insbesondere in den Jahren niedriger Zinsen.

Abbildung 4.19: Zentralbanken-Bilanzen Eurozone versus. Whisky

Abbildung 4.20: Zentralbankbilanz USA versus Whisky

4.6.4 Erkenntnisse aus makroökonomischen Einflussfaktoren auf den Whiskymarkt

Die Analyse zeigt deutlich, dass der Whiskymarkt – trotz seines Nischencharakters – nicht isoliert von globalen Wirtschaftszyklen agiert. Seine Preisentwicklung spiegelt zentrale makroökonomische Trends wider, insbesondere Veränderungen im Konsumentenvertrauen und in der Geldmengenpolitik.

1. Konsumentenvertrauen als Frühindikator

Das globale Konsumentenvertrauen (CCI) erweist sich als einer der stärksten potenziellen Frühindikatoren für die Preisentwicklung im Sekundärmarkt.

Steigende Werte – insbesondere in Asien und Europa – gehen mit wachsenden Auktionsumsätzen und steigenden Durchschnittspreisen einher. Sinkt der CCI unter den neutralen Durchschnittswert, folgt mit zeitlicher Verzögerung von rund drei bis sechs Monaten eine Preisstagnation oder Korrektur (auf Basis der bislang vorhandenen Daten).

2. Zinsen und Liquidität als Preistreiber oder Bremse

Die Zinsentwicklung zeigt eine klare inverse Beziehung zur Preisentwicklung von Whisky: Niedrige oder fallende Leitzinsen erhöhen die allgemeine Attraktivität alternativer Sachwerte, fördern Kapitalzuflüsse und führen zu steigenden Preisen.

Steigende Zinsen hingegen entziehen dem Markt Liquidität und mindern die Investitionsbereitschaft, was sich in schwächerer Nachfrage und rückläufigen Preisen äußert.

3. Zentralbankbilanzen und Geldmengenwachstum

Phasen expansiver Geldpolitik – mit steigenden Zentralbankbilanzen und hoher Liquidität – korrelieren deutlich mit einer Aufwertung physischer Sachwerte, darunter Whisky. Die expansive Geldpolitik der vergangenen Dekade hat dazu beigetragen, dass der Whiskymarkt erheblich von Kapitalzuflüssen profitierte. Umgekehrt führt eine Bilanzreduzierung der Zentralbanken (Quantitative Tightening) in der Regel zu Preisrückgängen und sinkender Marktaktivität.

Praktische Konsequenzen für Anleger

Makroökonomisches Monitoring:
Whisky-Investoren sollten das Konsumentenvertrauen (insbesondere in Asien und Europa), die Zinsentwicklung und die Zentralbankpolitik aktiv beobachten. Diese Indikatoren liefern wertvolle Hinweise auf potenzielle Preisbewegungen mit einigen Monaten Vorlaufzeit.

Antizyklische Kaufstrategie:
Phasen sinkenden Konsumentenvertrauens und restriktiver Geldpolitik bieten oft attraktive Einstiegszeitpunkte, da die Marktbewertungen temporär unter Druck geraten, während der langfristige Trend der Geldentwertung weiter intakt bleibt.

Liquiditätsbewusste Planung:
In Zeiten steigender Zinsen sollten Investoren verstärkt auf Lagerhaltungskosten und Kapitalbindung achten, da sich die Refinanzierungskosten erhöhen und die Halteperioden tendenziell verlängern.

Fokus auf Qualität und Rarität:
In schwächeren Marktphasen bleiben besonders gefragte Destillerien und limitierte Abfüllungen wertstabiler. Sie reagieren weniger stark auf makroökonomische Schwankungen als jüngere oder spekulativere Abfüllungen.

Preiselastizität und Nachfrageseite – wer treibt den Markt?

Aus den bisherigen Analysen wird deutlich: Die Preisbewegungen am Whiskymarkt sind eng mit globalen Konsum- und Liquiditätszyklen verbunden.

Doch während makroökonomische Faktoren die Rahmenbedingungen schaffen, wird die tatsächliche Preisbildung letztlich von der Nachfrageseite bestimmt.

Damit stellt sich die zentrale Frage: Wer kauft Whisky – und warum? Denn nur wenn man versteht, welche Käufergruppen den Markt prägen – Sammler, Genießer, Investoren oder Händler –, lässt sich erklären, welche Whiskys langfristig Wertstabilität oder Wachstumsstärke versprechen.

Im nächsten Abschnitt widmen wir uns daher der Nachfrageseite des Marktes – den Menschen, die den Preis bestimmen.

4.7 Nachfragefaktoren – wer kauft eigentlich Whisky?

Wenn wir die Nachfrageseite des Marktes betrachten, zeigt sich: Nicht alle Käufer haben dieselben Motive. Die Marktteilnehmer lassen sich im Wesentlichen in drei Gruppen unterteilen – Genießer, Sammler und Investoren.

Das sogenannte GSI-Modell in Abbildung 4.21 beschreibt diese Käufergruppen, ihre Motivation und ihr Verhalten und ist zentral, um die Dynamik der Nachfrage im Whiskymarkt zu verstehen.

Jede dieser Gruppen bewertet Whisky nach anderen Kriterien – Qualität, Leidenschaft oder Rendite. Dieses Modell hilft, die unterschiedlichen Beweggründe hinter dem Kaufverhalten zu verstehen.

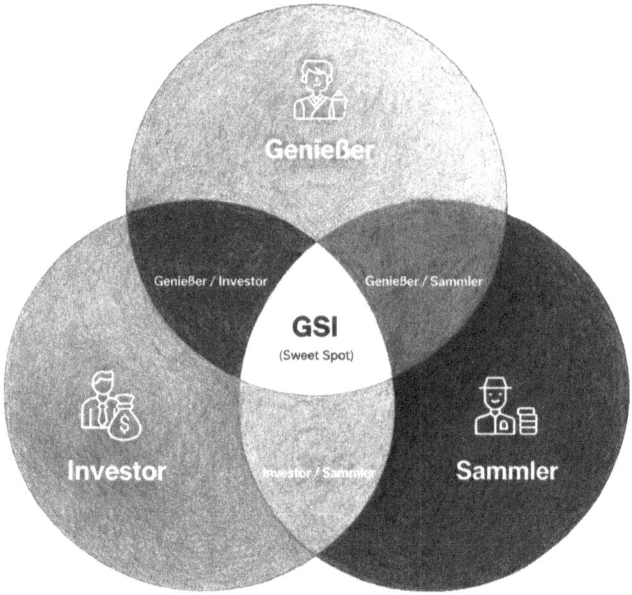

Abbildung 4.21: GSI-Modell

Genießer

Für Genießer steht der Genuss im Vordergrund. Sie suchen nach Qualität, Authentizität und Geschmack. Diese Gruppe umfasst sowohl private Genießer als auch Gastronomen, Bars und Hotels, die ihren Gästen exklusive oder seltene Whiskys anbieten wollen. Ihr Kaufverhalten zeichnet sich durch Regelmäßigkeit und Konsumorientierung aus – sie halten den Markt für aktuelle Abfüllungen lebendig und sichern die Grundnachfrage.

Darüber hinaus zählt zu dieser Kategorie auch die wirtschaftliche Nachfrage durch unabhängige Abfüller, die Whiskyfässer erwerben, um sie später selbst abzufüllen und zu vermarkten. Diese Nachfrageseite stellt somit den industriellen Kern des Marktes dar und sorgt dafür, dass Fässer und Flaschen kontinuierlich nachgefragt werden, in den Wirtschaftskreislauf gelangen und verbraucht werden.

Sammler

Sammler kaufen nicht primär für den Konsum, sondern für den Besitz. Ihr Ziel ist der Aufbau einer Sammlung, die emotional, thematisch oder historisch stimmig ist.

Ihre Sammlerziele können vielfältig sein:

- Alle Abfüllungen einer bestimmten Destillerie oder eines Abfüllers (OB – Original Bottling, IB – Independent Bottler)
- Flaschen aus einem besonderen Jahrgang (zum Beispiel Geburtsjahr oder Jubiläum)
- Bestimmte Seriennummern (zum Beispiel Flasche Nr. 1, 8, 13, 88, 888)
- Limitierte Editionen mit hohem Sammlerwert

Für Sammler ist die Verbindung von Ästhetik, Geschichte und Exklusivität entscheidend. Sie tragen maßgeblich zur Preisentwicklung seltener Flaschen bei – besonders im Sekundärmarkt.

Investoren

Investoren betrachten Whisky als Vermögenswert. Ihr Ziel ist eine attraktive Rendite bei gleichzeitig begrenztem Risiko. Sie investieren am liebsten in Abfüllungen mit nachweislicher Wertentwicklung – meist von etablierten, ikonischen Destillerien mit hohem Markenwert.

Bevorzugt werden:

- Limitierte Editionen und Einzelfassabfüllungen
- Blue-Chip-Destillerien wie Macallan, Yamazaki, Springbank oder Bowmore
- Seltene Jahrgänge oder Serien mit dokumentierter Marktperformance

Investoren achten auf Marktliquidität, historische Preisentwicklung und Wiederverkaufschancen – also auf die Faktoren, die eine Flasche zu einem handelbaren Asset machen.

Das GSI-Modell liefert eine wertvolle Grundlage, um zu verstehen, wer Whisky kauft und aus welchem Interesse. Es hilft einzuschätzen, für welche Zielgruppe eine bestimmte Flasche interessant sein könnte – doch es beantwortet noch nicht die Frage, welche Eigenschaften eine Flasche tatsächlich wertvoll machen. Genussmotiv, Sammlerinteresse und Renditeerwartung münden in unterschiedliche Bewertungsmaßstäbe, die den Preis direkt beeinflussen. Damit stellt sich nach „Wer kauft?" zwangsläufig die nächste Frage: Woran misst der Markt den Wert eines Whiskys?

Um Investmententscheidungen nicht dem Zufall, Trends oder Marketing zu überlassen, ist ein klarer Bewertungsrahmen notwendig. Im nächsten Abschnitt betrachten wir deshalb jene Kriterien, mit denen Whisky in der Praxis eingeschätzt, gehandelt und bepreist wird – von Reputation und Limitierung über Alter und Fassart bis hin zu Zustand und Marktperformance. Diese Grundlagen bilden den Startpunkt für jede professionelle Einschätzung einer Abfüllung.

4.8 Die wichtigsten Bewertungskriterien für Whisky-Investments

Nicht jede Flasche eignet sich automatisch als Investment. Während manche Abfüllungen innerhalb kurzer Zeit deutliche Wertsteigerungen verzeichnen, stagnieren andere oder verlieren an Attraktivität.

Um fundierte Entscheidungen zu treffen, ist es entscheidend, die wichtigsten Faktoren zu kennen, die den Marktwert eines Whiskys bestimmen.

1. Marke und Reputation der Destillerie

Die Reputation der Brennerei zählt zu den stärksten Werttreibern im Whisky-Markt.

Renommierte Marken wie Macallan, Glendronach, Springbank, Ardbeg, Yamazaki oder Pappy Van Winkle genießen weltweit hohes Ansehen – sie stehen für Qualität, Tradition und emotionale Markenbindung.

- **Markenstärke schafft Vertrauen:** Flaschen etablierter Destillerien lassen sich leichter handeln und erzielen sowohl bei Erstverkäufen als auch auf dem Sekundärmarkt höhere Preise.
- **Langfristige Preisstabilität:** Ikonische Brennereien gelten als „Blue Chips" des Whisky-Segments. Sie sind auch tendenziell robuster gegenüber kurzfristigen Schwankungen und Krisen.

2. Limitierung und Seltenheit

Knappheit ist einer der zentralsten Treiber für Wertsteigerung.

Limitierte Auflagen (zum Beispiel „1 von 500 Flaschen") sind von Anfang an begehrt, da ihre Verfügbarkeit von vornherein begrenzt ist.

- **Sondereditionen oder Jubiläumsabfüllungen** werden gezielt für den Sammlermarkt produziert und entwickeln oft überdurchschnittliches Wertsteigerungspotenzial.
- **Stillgelegte Brennereien (Ghost Distilleries)** wie Port Ellen, Brora oder Karuizawa erzeugen absolute Verknappung – ihre Flaschen zählen zu den begehrtesten und wertstabilsten am Markt.

3. Alter und Jahrgang

Alter und Jahrgang sind wesentliche Merkmale – sowohl aus geschmacklicher als auch aus wirtschaftlicher Sicht.

- **Alter:** Ein 18- oder 30-jähriger Whisky ist aufgrund seiner langen Reifung komplexer und seltener – entsprechend höher ist die Nachfrage.
- **Jahrgang:** Jahrgangsangaben schaffen emotionale Bindung. Sammler suchen häufig Flaschen aus Geburts-, Hochzeits- oder Jubiläumsjahren, während Investoren auf historisch starke Jahrgänge bestimmter Destillerien achten.

Wichtig: Destillationsjahr und Abfülljahr sind nicht identisch. Ein Macallan 18 Jahre 1990 unterscheidet sich preislich deutlich von einem Macallan 18 Jahre 2020, obwohl beide nominell gleich alt sind.

4. Fassart und Reifung

Das Fass prägt maßgeblich den Charakter – und damit auch den Marktwert eines Whiskys.

- **Sherry-Fässer** (insbesondere Oloroso oder Pedro Ximénez) gelten als besonders wertvoll und sind bei Sammlern stark gefragt.
- **Portwein-, Rum- oder Weinfässer** schaffen individuelle Aromaprofile und heben eine Abfüllung von Standardprodukten ab.
- **Cask Strength, Natural Colour, Non-Chill-Filtered:** Diese Qualitätsmerkmale signalisieren Authentizität und Handwerkskunst – Eigenschaften, die Kenner honorieren und für die sie bereit sind, höhere Preise zu zahlen.

5. Verpackung und Zustand

Der physische Zustand einer Flasche hat unmittelbaren Einfluss auf ihren Marktwert.

- **Originalverpackung (OVP):** Steigert Attraktivität und Sammlerwert spürbar, da sie Bestandteil der ursprünglichen Auslieferung war und das Investment „vollständig" macht.

- **Etikett und Verschluss:** Beschädigungen oder Gebrauchsspuren können den Wert stark mindern.
- **Füllstand:** Besonders bei älteren Flaschen ein entscheidendes Kriterium. Ein niedriger Füllstand weist auf Verdunstung oder unsachgemäße Lagerung hin und kann den Preis deutlich reduzieren.

Auf Auktionen werden diese Merkmale detailliert ausgewiesen – Käufer orientieren sich daher besonders an diesen Angaben.

6. Historie und Storytelling

Emotion und Geschichte steigern den Wert über den reinen Inhalt hinaus.

- **Sondereditionen** mit Bezug zu historischen Ereignissen (zum Beispiel Jubiläen, letzte Fässer, Hommagen an Master Blender) befördern zusätzliche Nachfrage.
- **Serien** wie die Macallan Archival Series, Glenfiddich Experimental Series oder Ichiro's Malt Card Series bilden häufig einen eigenen Sammlermarkt. Komplettsets erzielen teils mehr als der Einzelflaschenverkauf.
- **Storytelling als Wertfaktor:** Eine Flasche mit authentischer Geschichte und Identität (durch die Destillerie kreiert) verkauft sich leichter – und meist teurer – als eine reine Standardabfüllung.

7. Markt- und Renditehistorie

Die bisherige Preisentwicklung ähnlicher Abfüllungen ist ein wichtiger Indikator für das Potenzial neuer Releases. Sammler und vor allem Investoren orientieren sich an der Performance-Historie einer Marke. Hat eine Brennerei bereits mehrfach hohe Wertsteigerungen erzielt, steigt das Vertrauen in künftige Produkte. Für Genießer spielt dieser Aspekt hingegen eine untergeordnete Rolle – sie kaufen nach geschmacklichen Vorlieben.

Der Wert eines Whiskys entsteht stets aus dem Zusammenspiel mehrerer Faktoren: Marke, Seltenheit, Alter, Fassart, Zustand, Historie und Marktperformance.

Keine Eigenschaft ist allein ausschlaggebend – entscheidend sind das Gesamtbild und die Frage, welche Käufergruppe (Genießer, Sammler oder Investoren) die jeweilige Flasche anspricht.

Damit öffnet sich die Perspektive vom Einzelobjekt zur Strategie.

Im nächsten Kapitel widmen wir uns der Diversifikation innerhalb des Whisky-Investments – also der Frage, wie ein Portfolio aufgebaut wird, das stabil bleibt, Chancen nutzt und nicht von einem einzigen Marktsegment abhängig ist. Denn auch wenn jeder Whisky aus Wasser, Getreide und Zeit besteht – die Unterschiede können je nach Herkunft, Alter, Stil und Produzent beträchtlich sein.

4.9 Diversifizierung innerhalb des Whisky-Investments

Um die in Kapitel 3 behandelten Grundprinzipien des Investierens konkret auf die Whisky-Anlageklasse anzuwenden, ist Diversifikation ein entscheidendes Werkzeug. Sie hilft, Risiken zu streuen, Preisschwankungen einzelner Destillerien abzufedern und unterschiedliche Renditepotenziale zu erschließen.

Whisky bietet als physischer Sachwert zahlreiche Möglichkeiten zur Diversifikation innerhalb der Anlageklasse selbst.

1. Geografische Diversifikation

Whisky-Investments sind längst kein rein schottisches, irisches oder japanisches Phänomen mehr, sondern entwickeln sich immer mehr zu einem globalen Trend. Whisky wird weltweit in unterschiedlichsten Stilrichtungen produziert. Die einzelnen Regionen bringen eigene Traditionen, Geschmacksprofile und Marktstrukturen mit sich – und eröffnen Anlegern damit sowohl Chancen als auch Schutz vor regionalen Risiken.

- **Schottland:** Der Referenzmarkt mit jahrhundertealten Brennereien, hoher Markenbekanntheit und einem etablierten Auktionsumfeld.
- **Irland:** Mildere, meist dreifach destillierte Whiskeys mit wachsender Nachfrage – besonders in Europa und Nordamerika.
- **USA:** Bourbon und Rye prägen den Markt. Limitierte Editionen wie Pappy Van Winkle haben Kultstatus erreicht.
- **Japan:** Hochqualitative, stark limitierte Abfüllungen genießen Kultcharakter und treiben die Preise in Asien sowie auch international.
- **Weitere Länder:** Taiwan (Kavalan), Indien (Amrut), Deutschland oder Schweden etablieren sich zunehmend als Produzenten mit wachsender Bedeutung auch auf Auktionen und in Sammlungen.

Eine geografisch diversifizierte Sammlung ermöglicht es, regionale Wachstumstrends zu nutzen und gleichzeitig politische, wirtschaftliche und regulatorische Risiken der Herkunftsländer abzufedern – die Basis für ein stabiles und zugleich chancenorientiertes Whisky-Portfolio.

2. Diversifikation nach Destillerien

Jede Brennerei besitzt ein eigenes Renommee, eine spezifische Produktionsweise und eine klar definierte Zielgruppe. Durch die Streuung auf verschiedene Destillerien lassen sich Einzelrisiken reduzieren – etwa durch plötzliche Imageverluste, Lieferengpässe oder regulatorische Einschränkungen.

- **Top-Destillerien** wie Macallan, Bowmore oder Yamazaki stehen für hohe Wertstabilität und dauerhaftes Sammlerinteresse.

- **Hidden Champions** oder kleinere, unabhängige Brennereien bieten oft überdurchschnittliches Wertsteigerungspotenzial – allerdings bei höherem Risiko.
- **Stillgelegte Brennereien** (Ghost Distilleries): Da keine neuen Abfüllungen entstehen, sind Flaschen dieser Marken besonders rar und gelten als preisstabiler Sammlergegenstand.

Ein ausgewogenes Portfolio kombiniert etablierte Marken mit gezielten Investments in Nischen- und Wachstumsbrennereien.

3. Diversifikation nach Altersklassen und Jahrgängen

Die Altersangabe eines Whiskys ist ein zentraler Indikator für Reife und Preis. Doch nicht nur das Alter selbst bestimmt den Wert, sondern auch Limitierung und Marktinteresse am jeweiligen Jahrgang.

- **Jüngere Abfüllungen** (unter 12 Jahre): Häufig Teil von Sondereditionen oder neuen Produktlinien – mit teils schnellem Wertzuwachs bei starker Nachfrage.
- **Mittelalte Whiskys** (12 bis 20 Jahre): Der „Sweet Spot" vieler Sammler – Kombination aus Verfügbarkeit, Trinkbarkeit und Sammlerwert.
- **Alte Abfüllungen** (über 20 Jahre): Höhere Einstiegskosten, dafür meist stabile oder steigende Marktpreise. Besonders gefragt sind stillgelegte Destillerien oder limitierte Serien.

Jahrgänge können entscheidend sein: Einige gelten historisch als besonders wertvoll – etwa 1926, 1937 oder 1993 bei Macallan –, meist aufgrund herausragender Qualität oder geringer Produktionsmengen.

4. Diversifikation nach Abfüllungsart

Die Art der Abfüllung beeinflusst nicht nur Geschmack und Charakter, sondern auch Liquidität und Marktwert.

- **Single Cask:** Einzelfassabfüllungen sind stark limitiert und meist individuell nummeriert. Sie sind bei Sammlern äußerst gefragt, der Markt für Wiederverkäufe ist aufgrund des kleineren Interessentenkreises jedoch weniger liquide.
- **Cask Strength:** Unverdünnt abgefüllt, mit höherem Alkoholgehalt – beliebt bei Kennern und Sammlern.
- **Core Range versus Limited Editions:** Während Standardabfüllungen mehr Stabilität bieten (insbesondere mit Angabe des Abfülldatums), versprechen Limited Editions oft höhere Wertsteigerungschancen.
- **Distillery Exclusives/Travel Retail Editions:** Nur vor Ort oder im Duty-Free erhältlich, meist mit hohem Sammlerpotenzial.

5. Diversifikation nach Fassarten und Reifung

Die Wahl des Fasses prägt nicht nur das Aroma, sondern auch den Marktwert. Unterschiedliche Reifungsarten schaffen individuelle Marktsegmente mit eigener Nachfrage.

- **Ex-Bourbon, Ex-Sherry, Portwein-, Rum- oder Weinfässer:** Jede Fassart erzeugt eigene Aromenprofile und spricht unterschiedliche Zielgruppen an.
- **Finishes/Double oder Triple Wood:** Nachreifungen in anderen Fässern schaffen komplexe Geschmacksstrukturen, die besonders bei Sammlern gefragt sind.

So entsteht ein breites Spektrum an Marktpräferenzen, das sich gezielt für eine weitere Diversifikation nutzen lässt. Whisky-Investments sind also durchaus mehr als eine homogene Anlageform.

Die Analyse zeigt, dass Anleger durch gezielte Diversifikation – geografisch, nach Destillerien, Altersklassen, Abfüllungsarten und Fassvarianten – Risiken reduzieren und gleichzeitig Renditechancen erhöhen können. Erfolgreiche Investoren berücksichtigen nicht nur die begrenzte Verfügbarkeit, sondern strukturieren ihre Portfolios so, dass sie von einer möglichst breiten Basis an Werttreibern profitieren.

Diversifikation bildet damit eines der zentralen Fundamente für Stabilität und nachhaltige Rendite in dieser besonderen Anlageklasse.

4.10 Von der Theorie zur Praxis: Erfolgreiche Flaschen im Fokus

Nachdem wir die zentralen Bewertungskriterien und Diversifikationsmöglichkeiten für Whisky-Investments kennengelernt haben, stellt sich die entscheidende Frage: Wie wirken diese Faktoren in der Praxis – auf dem realen Markt? Denn Theorie, Modelle und Checklisten sind wertvoll, doch ihre wahre Aussagekraft zeigt sich erst im direkten Vergleich mit konkreten Abfüllungen und deren tatsächlicher Preisentwicklung.

Im folgenden Abschnitt betrachten wir daher ausgewählte Beispiele von Whiskys und deren preisliche Entwicklung. Anhand dieser Fallstudien wird sichtbar, welche Kriterien in der Praxis den Unterschied machen – sei es eine ikonische Marke, eine strenge Limitierung, ein außergewöhnlicher Jahrgang oder die besondere Geschichte hinter einer Abfüllung.

Diese Beispiele sollen nicht nur veranschaulichen, wie sich die zuvor beschriebenen Einflussfaktoren auswirken, sondern auch zeigen, welche Erfolgsmuster sich daraus für Investoren, Sammler und Genießer ableiten lassen.

So verbinden wir die theoretischen Bewertungsmaßstäbe mit konkreten Markterfahrungen – und schärfen den Blick für die Chancen und Dynamiken einzelner Flaschen im echten Investmentumfeld.

Glenfiddich Snow Phoenix

Destillerie: Glenfiddich
Land: Schottland
Release-Jahr: 2010
Limitierung: JA (physisch bedingt)
Jahresangabe der Abfüllung: JA
Originalpreis: £ 50 (ca. € 58)
Handelspreis 2025: ca. € 500–800
Wertsteigerung nach 15 Jahren: ca. 1.000 %

Besondere Faktoren: Snow Phoenix entstand nach dem Einsturz eines Lagerhaus-Daches bei Glenfiddich im extremen Winter 2010. Die circa 100 betroffenen und mit Schnee bedeckten Fässer wurden zu einer einmaligen Sonderabfüllung vereint, was dem Whisky einen einzigartigen Geschmack und der Flasche Kultstatus verlieh. Der Whisky war aufgrund seiner speziellen Entstehungsgeschichte schnell ausverkauft.

Glenmorangie A Tale of Cake

Destillerie: Glenmorangie
Land: Schottland
Release-Jahr: 2020
Limitierung: JA
Jahresangabe der Abfüllung: NEIN
Originalpreis: £ 50 (ca. € 56)
Handelspreis 2025: ca. € 350
Wertsteigerung nach 5 Jahren: ca. 500 %

Besondere Faktoren: A Tale of Cake entstand aus Dr. Bill Lumsdens (Glenmorangies Direktor für Whisky-Kreationen) Idee, Kindheitserinnerungen an Kuchen in Whisky zu übertragen. Durch die Nachreifung in speziellen ungarischen Tokaji-Weinfässern erhielt der Glenmorangie seine honigsüßen, fruchtigen Noten. Aufgrund seines einzigartigen Geschmacks war der Whisky schnell ausverkauft.

The Macallan Edition No. 1

Destillerie: Macallan
Land: Schottland
Release-Jahr: 2016
Limitierung: JA
Jahresangabe der Abfüllung: NEIN
Originalpreis: £ 100 (ca. € 122)
Handelspreis 2025: ca. € 1.800–2.500
Wertsteigerung nach 9 Jahren: ca. 1.400 %

Besondere Faktoren: The Macallan Edition No. 1 markierte den Auftakt der begehrten Edition Series und unterstreicht die zentrale Rolle der Fassauswahl bei Macallan. Für diese Abfüllung wurde der Whisky in acht verschiedenen europäischen und amerikanischen Eichenfassarten gelagert, was ihm ein komplexes und charakterstarkes Profil verleiht. Durch seinen Status als Erstveröffentlichung der Serie, die limitierte Verfügbarkeit und die starke Geschichte über Macallans Fassmanagement-Expertise entwickelte sich der Whisky schnell zu einem gefragten Sammler- und Investmentobjekt. Die Serie wurde in den darauffolgenden Jahren noch um die Releases 2 bis 6 erweitert.

Black Bowmore Third Edition

Destillerie: Bowmore
Land: Schottland
Release-Jahr: 1995
Limitierung: JA
Jahresangabe der Abfüllung: JA
Originalpreis: £ 100–150 (ca. € 170–250)
Handelspreis 2025: ca. € 20.000–30.000
Wertsteigerung nach 30 Jahren: ca. 11.800 %

Besondere Faktoren: Die Third Edition (1995) stammt aus dem legendären 1964er-Jahrgang und reifte über Jahrzehnte in erstbefüllten Oloroso-Sherryfässern – verantwortlich für die fast tintenschwarze

Farbe und das üppige Aroma. Als krönender Abschluss der legendären Black-Bowmore-Trilogie verbindet diese Abfüllung außergewöhnliche Seltenheit mit einer markanten historischen Herkunft. Die Serie gilt als Meilenstein des Sammlermarkts; vollständige Sets erzielen Rekordpreise und sind sehr begrenzt verfügbar.

Yamazaki Limited Edition 2014

Destillerie: Yamazaki
Land: Japan
Release-Jahr: 2014
Limitierung: JA
Jahresangabe der Abfüllung: JA
Originalpreis: ca. € 300
Handelspreis 2025: ca. € 1.400
Wertsteigerung nach 11 Jahren: ca. 370 %

Besondere Faktoren: Die Limited Edition 2014 markierte den Auftakt einer hochbegehrten Jahresserie von Yamazaki. Sie kombiniert einen jüngeren, in amerikanischer Eiche gereiften Kern mit selektierten, deutlich älteren Fassanteilen aus europäischer und japanischer Eiche (Mizunara) – ein Profil, das sowohl Sammler als auch Genießer anspricht. Die Veröffentlichung fiel in die Frühphase des globalen Japan-Whisky-Booms, und die Verfügbarkeit war begrenzt. Ergebnis: schneller Ausverkauf, stetig sinkende Restbestände und ein klarer Sammleraufschlag über die Jahre.

Port Ellen 9th Annual Release

Destillerie: Port Ellen
Land: Schottland
Release-Jahr: 2009
Limitierung: JA (5.916 Flaschen)
Jahresangabe der Abfüllung: JA
Originalpreis: £ 250 (ca. € 275)

Handelspreis 2025: ca. € 2.000
Wertsteigerung nach 16 Jahren: ca. 630 %

Besondere Faktoren: Abgefüllt im Rahmen der Diageo Special Releases, vereint diese 30-jährige Port-Ellen-Edition den Kultstatus einer stillgelegten Brennerei (Schließung 1983) mit einem reifen, maritim-torfigen Profil und hervorragender Abfüllungsqualität. Die klar ausgewiesene Limitierung (5.916 Flaschen) sowie die lückenfrei belegte Herkunftsgeschichte aus den historischen Port-Ellen-Beständen stützen die Marktnachfrage. Obwohl Port Ellen mittlerweile wieder aufgebaut wird, bleibt der historische Altbestand endlich und stark nachgefragt.

4.11 Von der Einzelflasche zur systematischen Betrachtung

Die zuvor gezeigten Beispiele verdeutlichen, wie spektakulär sich der Wert einzelner Whiskys entwickeln kann – sei es durch ikonische Marken, außergewöhnliche Reifegrade oder extreme Seltenheit. Doch solche Einzelfälle bilden nur einen kleinen Ausschnitt des gesamten Marktes ab. Für Investoren stellt sich eine wesentlich wichtigere Frage: In welchen Zeiträumen entwickeln sich limitierte Abfüllungen durchschnittlich am besten?

Eine universell gültige Regel gibt es nicht – doch klare Muster lassen sich erkennen. Zunächst ist wichtig zu unterscheiden, welche Art von Limitierung vorliegt:

- **Breit verfügbare Limited Editions**, die zwar jährlich oder einmalig erscheinen, aber grundsätzlich für alle Käufer zugänglich sind (zum Beispiel Macallan Classic Cut). Hier zeigt sich der Wertanstieg meist erst mittelfristig und verläuft moderater.

- **Streng limitierte Abfüllungen**, deren Nachfrage das Angebot bei Weitem übersteigt und bei denen viele Interessenten leer ausgehen. Bei solchen Releases beobachten wir häufig sofort nach Erscheinen am Sekundärmarkt deutliche Preisaufschläge – nicht selten über 100 Prozent, sobald die ersten Flaschen gehandelt werden.

Um diese Dynamiken fundiert einordnen zu können, lohnt ein Blick auf unterschiedliche Haltezeiträume, in denen jeweils verschiedene Faktoren die Preisentwicklung beeinflussen.

Dazu betrachten wir vier Phasen:

- Kurzfristig (0 bis 1 Jahre)
- Mittelkurz (2 bis 5 Jahre)
- Mittellang (6 bis 10 Jahre)
- Langfristig (über 10 Jahre)

Diese Differenzierung in Tabelle 4.1 zeigt, in welchen Zeiträumen welche Renditechancen typischerweise entstehen – und bildet damit eine klare Grundlage für strategisch durchdachte Investmententscheidungen im Whiskysegment.

0–1 Jahre	Geringe Wertsteigerung bei allgemeinen Abfüllungen; viele Flaschen noch verfügbar. Erste starke Zuwächse bei streng limitierten und schwer zugänglichen Releases. Investoren und Sammler wollen sich solche Flaschen sichern und sind bereit, mehr als den Originalpreis zu zahlen.
2–5 Jahre	Erste signifikante Wertzuwächse; Verfügbarkeit beginnt zu sinken, Sammlerinteresse wächst. Verknappung wirkt, wenn Flaschen gute Ratings bekommen und somit das Interesse weiter steigt.
6–10 Jahre	Häufiger „Sweet Spot" für Wertsteigerungen; Verknappung wirkt stärker, wenn Flaschen mit guten Ratings geöffnet und getrunken werden und somit das Angebot weiter sinkt. In dieser Phase sehen wir auch oft ein Plateau, falls die Erwartungen von Investoren nicht erfüllt wurden oder keine guten Ratings seitens bekannter Portale vergeben wurden. Hier können vermehrt Flaschen auf den Markt kommen, da Investoren auf der Suche nach neuen Flaschen ihre Portfolios umschichten.
>10 Jahre	Abflachung der sprunghafteren Rendite – der Markt weiß um die Bewertungen, Liquidität und Verfügbarkeit der Flaschen und preist diese entsprechend ein. Es stellen sich meist keine großen Überraschungen mehr ein und die Flaschenpreise steigen im Verhältnis zur monetären Liquidität kontinuierlich weiter; die Nachfrage kann gesättigt sein und konzentriert sich auf spezifische Raritäten – diese zeigen aber Überrenditen.

Tabelle 4.1: Zeiträume und Renditechancen

Zusammenfassung des Kapitels

Whisky hat sich vom reinen Genussmittel zu einer eigenständigen Anlageklasse entwickelt. Treiber sind knappe Verfügbarkeit, starke Marken, wachsende Nachfrage (vor allem aus Asien), die physische Werthaltigkeit und eine geringe Korrelation zu klassischen Finanzmärkten. Investiert werden kann in Flaschen, Fässer oder indirekt über Fonds/Plattformen; jede Form bietet eigene Chancen, Risiken und operative Anforderungen.

Der Wert einzelner Abfüllungen wird wesentlich durch Marke/Reputation, Limitierung, Alter/Jahrgang, Fassart/Reifung, Zustand/OVP, Historie/Storytelling sowie die dokumentierte Marktperformance bestimmt. Flaschen adressieren vor allem Sammler- und Luxusnachfrage; Fässer folgen stärker realwirtschaftlichen Zyklen (Reifung, Industriebedarf). Makroeinflüsse wie Konsumentenvertrauen, Zinsen und Zentralbankliquidität wirken auf die Preise ein: Steigendes Vertrauen und viel Liquidität stützen, steigende Zinsen bremsen. Erfolgreiches Investieren erfordert klare Ziele, einen passenden Zeithorizont, Diversifikation (über Regionen, Brennereien, Altersklassen, Fassarten, Abfüllungsarten), saubere Dokumentation – und Disziplin bei Hypes.

Chancen

Natürliche Verknappung (geöffnete Flaschen, limitierte Jahrgänge, Ghost Distilleries)

Globale Nachfrage (Asien als Preistreiber im High-End-Segment)

Sachwert-Charakter (lagerbar, versicherbar; Whisky altert in der Flasche nicht weiter)

Informationsvorsprung möglich durch Nischenwissen und seriöse Indizes/Marktdaten

Potenzial in Fässern durch Reifung, Re-Racking/Finishing und multiple Exit-Wege

Risiken

Fälschungen und Plattformrisiken (vor allem bei teuren Flaschen/unseriösen Fasshändlern)

Illiquidität und Timing (Verkauf dauert; Auktionsergebnisse schwanken).

Lager-/Zustandsrisiken (Füllstand, Etikett/OVP, Angel's Share, Leaks).

Marktzyklen/Modeeffekte (Hypes, Korrekturen; Zinsanstiege bremsen).

Recht/Steuern (Eigentumsnachweise bei Fässern: Rechnung + Delivery Order; Zoll/Versicherung klaren)

Bewertungsmaßstäbe (Merkliste)

Marke und Reputation: Bluechips (zum Beispiel Macallan, Springbank, Yamazaki) sorgen für eine höhere Basisnachfrage

Limitierung und Serie: Geringe Stückzahlen und begehrte Serien sind Preismultiplikatoren

Alter und Vintage: Altersstufen (12/18/21/30/40) als Preisschwellen

Fass und Reifung: Sherry/First Fill, Cask Strength, Natural Colour bevorzugt

Zustand: OVP, Etikett, Füllstand dokumentieren

Markthistorie: Historische Nachfrage/Indizes stützen Preisfindung

Praxisleitlinien

Ziele und Horizont: mittel-/langfristig planen (Flaschen: 3 bis 10+ Jahre; Fässer: 5 bis 10+ Jahre)

Diversifikation: Region, Brennereien, Altersklassen, Abfüllarten, Fassarten

Qualität kaufen: lieber weniger, dafür etabliertere Marken und sauber dokumentiert

Makro-Monitoring: CCI (Asien/EU/US), Zinsen, Zentralbankliquidität beobachten

Schnelle Checkliste für den Kauf von Flaschen

Marke/Serie limitiert und nachgefragt?

Zustand top: OVP, Etikett, Füllstand, Versand/Versicherung geklärt?

Historische Preise/Indizes geprüft?

Realistischer Exit (Auktion/Händler/Netzwerk)?

Eigene Dokumentation vollständig (Rechnung, Bilder, Lagerbelege)?

5.
Vom Beginner zum Profi: So bauen Sie Ihr Whisky-Portfolio auf

Der Einstieg in die Welt des Whisky-Investments kann eine Herausforderung darstellen – vor allem angesichts der Vielzahl an Marken, Jahrgängen, Preisklassen und Handelsplattformen. Doch mit einem klaren Fahrplan lässt sich der Prozess gut strukturieren.

In diesem Abschnitt erhalten Sie eine praxisnahe Schritt-für-Schritt-Anleitung, wie Sie systematisch, sicher und strategisch in Whisky investieren können – ganz gleich, ob Sie bei null starten oder bereits Erfahrung haben.

5.1 Aufbau und Management eines Whisky-Portfolios

Bevor Sie einzelne Flaschen auswählen oder erste Investitionen tätigen, ist es wichtig, eine solide Grundlage für Ihr Portfolio zu schaffen. Dazu gehören klare Ziele, ein realistischer Anlagehorizont und ein grundlegendes Verständnis Ihrer persönlichen Risikobereitschaft.

5.1.1 Zielsetzung und Anlegertyp

Der erste Schritt bei jedem Investment – und besonders im Bereich Whisky – besteht darin, die eigenen Ziele, Erwartungen und Rahmenbedingungen festzulegen. Ein klares Fundament verhindert Fehlkäufe und emotionale Entscheidungen und sorgt dafür, dass die Anlage nicht dem Zufall, sondern einer Strategie folgt.

Whisky-Investments sind keine kurzfristige Spekulation wie Daytrading oder der schnelle Kauf und Verkauf von Aktien. Sie entfalten ihr Potenzial über Jahre – manchmal sogar Jahrzehnte hinweg. Deshalb ist es entscheidend, schon vor dem Kauf der ersten Flasche oder eines eigenen Fasses die eigene Position als Investor für sich zu klären.

Investitionsziele definieren

Beantworten Sie deshalb diese Schlüsselfragen, bevor Sie Ihre erste Investition tätigen:

- Kapitalwachstum: Möchten Sie Vermögen mit attraktiver Rendite aufbauen?
- Inflationsschutz: Suchen Sie eine werthaltige Anlage, die Kaufkraft erhält?
- Diversifikation: Wollen Sie Ihr bestehendes Portfolio stabilisieren, indem Sie Whisky als alternative Anlageklasse beimischen?
- Leidenschaft und Lifestyle: Geht es Ihnen nicht nur um Rendite, sondern auch darum, eine Sammlung mit persönlichem Wert aufzubauen?

Die entsprechende Motivation bestimmt, welche Flaschen oder Fässer, Marken und Preisklassen für Sie relevant sind.

Anlagehorizont festlegen

Whisky ist ein Sachwert mit Geduldskomponente. Die Wertsteigerung entsteht durch Knappheit, steigende Nachfrage und Sammlerinteresse – und zwar nicht von heute auf morgen.

- Kurzfristig (0 bis 1 Jahre): Nur selten sinnvoll. Flipping kann bei heiß begehrten Releases funktionieren, birgt aber ein höheres Risiko.
- Mittelkurz (2 bis 5 Jahre): Geeignet, um die ersten Preissteigerungen limitierter Abfüllungen mitzunehmen und von unvorhergesehenen Sammlerinteressen zu profitieren.
- Mittellang (6 bis 10 Jahre): Klassische Mindesthaltedauer für Whisky-Investments. Hier entfalten sich die Vorteile am deutlichsten – Knappheit wird spürbar, das Sammlerinteresse steigt und Wertsteigerungen von mehreren Hundert Prozent sind möglich.
- Langfristig (10+ Jahre): Die Verfügbarkeit der Flaschen und auch Fässer sinkt. Weniger sprunghafte Renditen, dafür stetigere Anstiege.

Budgetrahmen bestimmen

Auch wenn Luxusflaschen Schlagzeilen machen, beginnt Whisky-Investment nicht erst bei fünfstelligen Summen. Ein strukturierter Einstieg ist schon ab kleinen Beträgen möglich. Portfoliogrößen:

- Einstieg: ab circa 500 bis 1.000 Euro (Flaschen aus bekannten Destillerien)
- Aufbauphase: 5.000 bis 10.000 Euro (breit gestreutes Portfolio mit 10 bis 50 Flaschen)
- Professionell: über 50.000 Euro (hochwertige Raritäten, seltene Jahrgänge, Fässer)

Auch für Fässer gilt: Eine gewisse Diversifizierung ist wichtig, um nicht vollständig von einem oder einigen wenigen Fässern abhängig zu sein.

Wichtig: Investieren Sie nur Kapital, das langfristig gebunden werden darf. Whisky ist illiquide – ein schneller Wiederverkauf ist nicht gewährleistet.

Risikoprofil und Anlegertyp

Nicht jeder Whisky-Investor tickt gleich. Ihr persönliches Risikoprofil bestimmt, welche Strategie zu Ihnen passt:

Defensiver Anleger:

- Fokus auf stabile Marken (Bluechips) wie Macallan, Yamazaki oder Bowmore
- Fässer: Gereifte Fässer mit bereits belegter Preishistorie
- Ziel: Werterhalt und moderate Renditen
- Strategie: Buy and Hold mit geringer Volatilität

Ausgewogener Anleger:

- Mischung aus „Bluechips" und neueren, limitierten Spezialabfüllungen
- Fässer: Ausgewogene Mischung aus verschieden lang gereiften Fässern etablierter Destillerien
- Ziel: Kombination aus Sicherheit und Wachstum
- Strategie: 70 Prozent etablierte Marken, 30 Prozent spekulative Chancen

Dynamischer Anleger:

- Setzt auf Raritäten, neue Releases, Spezialabfüllungen
- Fässer: Vermehrt New-Make-Abfüllungen neuer und noch unbekannter Destillerien
- Ziel: Hohe Renditen, auch bei höherem Risiko
- Strategie: Flipping und langfristige Wetten auf extreme Knappheit

Ohne eine klare Zielsetzung und ein realistisches Selbstbild starten Sie blind in den Markt. Nur wer sich darüber im Klaren ist, ob er Kapitalwachstum, Diversifikation oder Leidenschaft anstrebt, kann die passenden Flaschen und Fässer auswählen, das Budget sinnvoll planen und sein Portfolio von Anfang an professionell aufbauen.

Dein Whisky-Portfolio ist so stark wie deine Strategie – und deine Strategie ist so stark wie deine Ziele.

5.1.2 Marktverständnis entwickeln

Bevor Sie Ihr erstes Kapital in Whisky investieren, ist ein solides Verständnis des Marktes entscheidend. Whisky ist kein homogenes Produkt – jede Destillerie, jede Abfüllung und jeder Jahrgang erzählt eine eigene Geschichte und folgt eigenen Preisentwicklungen. Wer die Marktmechanismen versteht, kann Chancen frühzeitig erkennen und Risiken umschiffen.

Die wichtigsten Destillerien kennen

Nicht jeder Whisky eignet sich als Investment. Einige Marken haben sich über Jahrzehnte als Werttreiber etabliert, während andere kaum über den Genusswert hinauskommen. Diese Marken sind für Sie als Investor interessant:

- Schottische Klassiker: Macallan, Glendronach, Springbank, Ardbeg, Glenfiddich
- Japanische Ikonen: Yamazaki, Hibiki, Hakushu, Karuizawa (geschlossen, extrem rar)
- Seltene Schätze: Port Ellen*, Brora*, Rosebank*, Hanyu – „Geisterdestillerien" mit begrenztem Bestand

Faustregel: Investoren setzen bevorzugt auf starke Marken mit Historie, da diese Sammlerinteresse und internationale Nachfrage garantieren.

* Diese Destillerien wurden geschlossen, aber nach einem kompletten Neuaufbau beziehungsweise einer Renovierung unter neuen Eigentümern wiedereröffnet. Die gefragten Abfüllungen stammen vor allem aus Fässern der ursprünglichen Destillerien vor den Schließungen.

Jahrgänge, Fässer und Abfüllarten verstehen

Whisky ist nicht gleich Whisky. Preisentwicklungen werden stark von technischen und historischen Faktoren beeinflusst:

- Alter: Je älter eine Abfüllung, desto seltener und wertvoller.
- Fassarten: Sherry- und Portweinfässer erzielen oft höhere Preise als reine Bourbon-Fässer.
- Abfüller:
    - Originalabfüllungen (OB): In der Regel wertstabiler und von Investoren gesucht
    - Unabhängige Abfüller (IB): Nischenchancen, aber definitiv weniger begehrt als Originalabfüllungen
- Limitierung: „One-off"-Editionen, limitierte Serien oder nummerierte Flaschen sind meist besonders gefragt.

Marktpreise und Plattformen beobachten

Die Whisky-Szene ist zwar international, aber trotzdem relativ intransparent. Für Investoren heißt das: Sie können Marktpreise nachvollziehen, aber es gibt wenig zentrale Datenquellen.

- Auktionshäuser:
    - Bonhams (www.bonhams.com)
    - Sotheby's (www.sothebys.com)
    - Whisky Auctioneer (www.whiskyauctioneer.com)
    - Catawiki (www.catawiki.com)
    - Whisky Auction (www.whiskyauction.com)
    - Just Whisky (www.just-whisky.co.uk)
    - The Whisky Shop Auctions (www.whiskyshop.com)
    - Whisky.Auction (www.whisky.auction)

- Marktplätze:
    - The Whisky Exchange (www.thewhiskyexchange.com)
    - Master of Malt (www.masterofmalt.com)
    - Whisky.de (www.whisky.de)

    - Whiskybase Marketplace (www.whiskybase.com)
    - Willhaben (www.willhaben.at)
    - Ricardo (www.ricardo.ch)
    - eBay (www.ebay.de)

- Datenbanken und Indizes:
    - RareWhisky101 (www.rarewhisky101.com)
    - Whiskystats (www.whiskystats.com)
    - Whiskybase (www.whiskybase.com)

Tipp: Führen Sie eine eigene Preisdatenbank einzelner Flaschen (Excel oder Google Sheets). So können Sie Trends nachvollziehen, Fehleinschätzungen vermeiden und Schnäppchen schneller erkennen.

Informationsquellen und Markttrends

Ein erfolgreicher Whisky-Investor ist auch ein Informationssammler. Wer frühzeitig von neuen Releases, Destillerie-Eröffnungen, Whisky-Ratings oder Marktverknappungen erfährt, genieß einen entscheidenden Vorteil.

- Newsportale und Blogs:
    - Whiskyfun (www.whiskyfun.com)
    - Whisky Experts (www.whiskyexperts.net)
    - Malt Whisky Magazin (www.maltwhisky.de)
    - Whisky.de (www.whisky.de)

- Fachliteratur und Reports:
    - Knight Frank Wealth Report (https://www.knightfrank.com/wealthreport) und Luxury Investment Index
    - Scotch Whisky Association (www.scotch-whisky.org.uk)
    - The Scotch Whisky Industry Review (www.scotchwhiskyindustryreview.com)

   - Noble & Co Whisky Intelligence Report (www.nobleandcompany.com)

- Sammlerforen und Communities:
   - Whiskybase (www.whiskybase.com)
   - Reddit (www.reddit.com/r/whisky)

Eigenes Bewertungssystem entwickeln

Nicht jede Flasche, die gehypt wird, ist ein gutes Investment. Deshalb ist es sinnvoll, Entscheidungen anhand eines Scoring-Systems zu treffen, beispielsweise gereiht nach Punkten (1 bis 5) oder individuellen Gewichtungen.

Kriterien für ein Whisky-Scoring:

- Marke und Ruf der Destillerie
- Alter und Fassart
- Limitierung und Auflage
- Story und Historie (zum Beispiel Jubiläumsedition)
- Verpackung und Zustand
- Historische Wertentwicklung ähnlicher Flaschen
- Persönliches Marktgefühl

So vermeiden Sie Impulskäufe und können rationale Entscheidungen treffen. Im Anhang des Buches finden Sie dafür exemplarische Scoring-Vorlagen, Checklisten und Bewertungsbögen für Ihr eigenes Portfolio

5.1.3 Kauf der ersten Flasche

Nachdem Sie nun die strategischen Grundlagen kennen und über ein allgemeines Marktverständnis verfügen, folgt der entscheidende Schritt: Ihr erster Kauf.

Viele Investoren begehen typische Anfängerfehler – etwa zu teuer einzusteigen, blind Hypes zu folgen oder unbedacht von unseriösen

Quellen zu kaufen. Mit einem systematischen Vorgehen können Sie diese Stolperfallen aber vermeiden.

Kriterien für gute Investment-Flaschen

Die Lukrativität einer Whisky-Investition hängt von mehreren Faktoren ab. Folgende Kriterien sollten bei jeder Kaufentscheidung geprüft werden:

- **Destillerie und Marke:** Renommierte Destillerien (Macallan, Yamazaki, Glendronach, Springbank) verzeichnen historisch stabilere Wertsteigerungen.
- **Limitierung:** Je seltener die Auflage, desto höher das Potenzial. Ideal: nummerierte Flaschen oder Serien mit geringer Stückzahl.
- **Alter und Reife:** Ältere Abfüllungen sind begehrter – allerdings ist hier auch der Einstiegspreis höher.
- **Verpackung und Zustand:** Originalkarton, Tubes oder Holzkisten erhöhen den Sammlerwert. Schäden senken den Marktpreis spürbar.
- **Story und Historie:** Jubiläumsabfüllungen, Sondereditionen oder „First Releases" einer Serie erzielen oft Aufschläge.
- **Markttransparenz:** Preisverläufe sollten über Auktionen oder Datenbanken nachvollziehbar sein, das schützt vor zu hohen Preisen.

Faustregel: Eine gute Investment-Flasche vereint mindestens drei bis vier dieser Faktoren.

Preisklassen für den Einstieg

Die Auswahl sollte immer zur eigenen Strategie und Budgetplanung passen.

- **Einstiegsklasse** (50 bis 500 Euro pro Flasche)
  - Erste Sammlerstücke für Anfänger
  - Beispiele: Ardbeg Committee Releases, Glendronach Single Casks, Yamazaki NAS Limited Editions

- **Mittelklasse** (500 bis 5.000 Euro pro Flasche)
  - Seltene Abfüllungen etablierter Marken, oft mit starkem Renditepotenzial
  - Beispiele: Macallan Edition Serie, Hibiki 21 Jahre, Springbank Local Barley

- **High End** (ab 5.000 Euro pro Flasche)
  - Ikonen und Raritäten, langfristige Wertsteigerung durch extreme Knappheit
  - Beispiele: Macallan 30 Jahre, Karuizawa 1980er-Abfüllungen, Port Ellen Special Releases

Empfehlung: Anfänger sollten in der Einstiegs- bis Mittelklasse beginnen, um Erfahrungen zu sammeln und Risiken zu begrenzen.

Wo kaufen?

Die Wahl der Bezugsquelle entscheidet über Authentizität, Preis und Sicherheit.

- Primärmarkt (direkt von Destillerien und Händlern)
  - Vorteil: Originalpreis, höchste Sicherheit
  - Nachteil: Oft schwerer zugänglich und schnell ausverkauft

- Sekundärmarkt (Auktionen, Sammlerbörsen und Onlineplattformen)
  - Vorteil: Zugang zu seltenen Flaschen, große Auswahl, transparent
  - Nachteil: Aufschläge, Risiko von Fälschungen

- Private Sammler und Netzwerke
  - Vorteil: Exklusive Flaschen, gute Deals möglich
  - Nachteil: Vertrauen und Know-how zwingend erforderlich

Tipp: Es empfiehlt sich, bei allen Top-Destillerien und -Onlinehändlern im E-Mail-Verteiler eingetragen zu sein. So bekommen Sie Informationen über neue Releases immer sofort zugesendet.

Der richtige Kaufzeitpunkt

Timing ist beim Whisky-Investment entscheidend.

- Neue Releases: Möglichst direkt bei der Destillerie kaufen, bevor sie auf Auktionen mit Aufschlägen landen
- Limitierte Serien: Frühzeitig einsteigen und vollständige Sets sammeln (zum Beispiel Macallan Edition 1–6)
- Auktionen: Geduldig beobachten – nicht jeder Hype lohnt sich. Oft sinken Preise sechs bis zwölf Monate nach Release, bevor sie langfristig steigen.

Typische Anfängerfehler vermeiden

Diese Fehler sollten Sie nicht begehen:

- **Blind in Hypes einsteigen:** Nicht jede gehypte Flasche bringt Rendite.
- **Zu breit und unstrukturiert kaufen:** Lieber gezielt wenige Marken statt wahllos viele.
- **Verpackung und Zustand ignorieren:** Fehlende Tube oder beschädigte Box können über 20 Prozent Wertverlust bedeuten.
- **Keine Dokumentation:** Ein fehlender Kaufnachweis schwächt die Verhandlungsposition beim Verkauf.

5.1.4 Dokumentation und Tracking

Ein solides Whisky-Portfolio lebt nicht nur von der richtigen Auswahl der Flaschen, sondern auch von Transparenz, Struktur und Nachvollziehbarkeit. Ohne saubere Dokumentation verlieren Investoren schnell den Überblick – und verschenken Renditepotenzial.

Warum Dokumentation so wichtig ist

Die Dokumentation ist das A und O eines professionellen Investments.

- Wertentwicklung im Blick behalten: Nur mit Aufzeichnungen lässt sich nachvollziehen, wie sich eine Flasche im Laufe der Zeit entwickelt.
- Schutz und Versicherung: Kaufbelege und Fotos sind Pflicht, um im Schadensfall (Diebstahl, Bruch, Feuer) abgesichert zu sein.
- Verkaufsargumentation: Beim Wiederverkauf wirken belegte Preisentwicklungen und ein gepflegter Nachweis professionell und schaffen Vertrauen.
- Steuerliche Übersicht: Wer regelmäßig handelt, benötigt eine lückenlose Dokumentation für Finanzamt und Buchhaltung.

Welche Daten gehören in die Aufzeichnung?

Jede Flasche sollte von Anfang an mit allen relevanten Daten erfasst werden.

- Allgemeine Angaben
  - Destillerie/Marke
  - Name der Abfüllung und Edition
  - Jahrgang und Abfülldatum
  - Alter (zum Beispiel 18 Jahre)
  - Alkoholstärke und Flaschengröße

- Kaufdetails
  - Kaufpreis
  - Kaufdatum
  - Bezugsquelle (Händler, Auktion, privat)
  - Währung

- Sammlerrelevante Angaben
    - Limitierung/Flaschennummer (zum Beispiel Nr. 125 von 500)
    - Verpackung (OVP, Tube, Holzkiste)
    - Zustand (neu, leichte Gebrauchsspuren, beschädigt)
    - Fotos der Flasche und Verpackung

- Marktwerte und Tracking
    - Aktueller Marktpreis
    - Letzte beobachtete Auktionsergebnisse
    - Prozentuale Wertsteigerung seit Kauf

Es empfiehlt sich, Flaschen immer zu fotografieren – Vorderseite, Rückseite, Etikett, Verpackung.

Ein eigenes Whisky-Portfolio-Tracking verhindert den Überblicksverlust und erleichtert mögliche Abwicklungen von Versicherungsfällen und auch den späteren Verkauf.

Tools für Whisky-Tracking

Jeder Investor hat unterschiedliche Vorlieben – von Excel bis zur spezialisierten Plattform:

- Einfach und individuell
    - Excel/Google Sheets
    - Vorteile: Frei anpassbar, einfache Nutzung
    - Nachteile: Manuelle Pflege, keine automatischen Marktpreise

- Spezialisierte Datenbanken
    - Whiskystats.net (www.whiskystats.net)
    - Spirits Invest (www.spiritsinvest.com)
    - Vorteile: Marktwert immer aktuell, Benchmarking möglich
    - Nachteile: Teilweise kostenpflichtig

- App-gestützte Lösungen
  - Einige Mobile Apps erlauben das Scannen von Labels und automatisches Tracking
  - Sie sind jedoch oft eingeschränkt in der Funktion

Empfehlung für Einsteiger: Google Sheets oder Excel bieten maximale Kontrolle und sind kostenneutral. Beim weiteren Aufbau des Portfolios kann nachträglich noch eine Tracking-Datenbank erworben werden.

Hinweis: Ein beispielhaftes Tracking-Sheet zur Portfolioverwaltung finden Sie im Anhang des Buches.

Dokumentation als Verkaufshebel

Eine sauber geführte Dokumentation steigert den Wiederverkaufswert.

- Käufer sehen eine lückenlose Historie, das Vertrauen steigt
- Versicherungen akzeptieren Schadensmeldungen leichter
- Auktionen können Flaschen schneller und höher bewerten
- Steuerlich kann eine lückenlose Liste Pflicht sein

5.2 Lagerung und Versicherung

Der physische Zustand von Whisky-Flaschen spielt eine entscheidende Rolle bei der Werterhaltung und bei der potenziellen Wertsteigerung. Während Whisky im Fass weiter reift, bleibt er in der Flasche geschmacklich stabil, sofern er unter optimalen Bedingungen gelagert wird. Dieses Kapitel beleuchtet die wichtigsten Faktoren, die bei der Lagerung von Whisky zu berücksichtigen sind, um seinen Wert langfristig zu erhalten.

5.2.1 Die richtige Lagerung von Whisky

Whisky ist empfindlich gegenüber äußeren Einflüssen. Faktoren wie Licht, Temperatur und Feuchtigkeit können sowohl den Inhalt als auch die Verpackung einer Flasche beeinflussen. Eine schlechte Lagerung kann dazu führen, dass der Whisky an Geschmack und Qualität verliert oder die Verpackung und das Etikett beschädigt werden.

Horizontale versus vertikale Lagerung

Im Gegensatz zu Wein, der horizontal gelagert wird, sollten Whisky-Flaschen immer aufrecht gelagert werden. Da Whisky laut Gesetz mindestens 40 Volumenprozent Alkohol enthalten muss, besteht die Gefahr, dass der hohe Alkoholgehalt den Korken und den dazugehörigen Verschluss angreift und unerwünschte Aromen an den Whisky abgegeben werden. Zusätzlich sind die Korken bei Whiskyflaschen Gebrauchskorken, die anders als bei Wein (wo der Korken nur einmal verwendet wird) keine langfristige Dichtheit garantieren. Somit könnte der Whisky bei liegender Lagerung mit der Zeit auslaufen.

Konstante Luftfeuchtigkeit

Eine relative Luftfeuchtigkeit von 50 bis 60 Prozent ist ideal, um die Korken vor dem Austrocknen zu schützen, ohne dass Schimmelbildung begünstigt wird. Ein feuchter Keller ist daher als Lagerort nicht unbedingt geeignet.

Einfluss von Licht auf Whisky

Direkte Sonneneinstrahlung ist einer der größten Feinde des Whiskys. UV-Licht kann seine chemische Zusammensetzung verändern, wodurch der Geschmack beeinträchtigt wird. Zusätzlich sorgt direkte Sonneneinstrahlung für eine wechselweise Erwärmung und Abkühlung des Whiskys, wodurch sich die Verdunstung beschleunigt. Aus diesem Grund wird hochwertiger Whisky immer mit einer Verpackung (meist aus Karton, Holz oder Metall) verkauft. Auch diese sollte vor direktem Sonnenlicht geschützt werden, da sie ansonsten ausbleicht.

Temperatur

Die Temperatur spielt eine entscheidende Rolle bei der Lagerung von Whisky. Idealerweise sollten Whisky-Flaschen bei einer konstanten Raumtemperatur von etwa 15 bis 18 Grad Celsius aufbewahrt werden.

Extreme Temperaturen (zu heiß oder zu kalt) können dazu führen, dass der Alkohol expandiert beziehungsweise sich zusammenzieht. Dies kann den Verschluss (Korken oder Schraubverschluss) beschädigen und zu Verdunstungsverlusten führen.

Korken können bei zu hohen Temperaturen austrocknen, wodurch der Verschluss undicht wird. Bei zu niedrigen Temperaturen können sich Korken zusammenziehen, was ebenfalls zu Flüssigkeitsverlusten führt.

Plötzliche Temperaturänderungen können den Druck in der Flasche verändern und begünstigen damit die Verdunstung des Whiskys. Halten Sie die Temperatur deshalb so konstant wie möglich.

Schutz von Originalverpackung und Etikett

Die Originalverpackung, sei es eine Holz-, Karton- oder Metallbox, trägt erheblich zum Sammlerwert einer Whisky-Flasche bei. Beschädigte Verpackungen oder Kratzer können den Wiederverkaufswert mindern.

Auch das Etikett auf einer Whisky-Flasche ist ein wichtiger Bestandteil ihres Wertes. Abgenutzte oder beschädigte Etiketten können den Verkaufspreis einer Flasche erheblich verringern.

Füllstand

Abgesehen vom Zustand der Verpackung und des Etiketts spielt insbesondere der Füllstand der Flasche eine entscheidende Rolle für den Werterhalt der Investition. Um dies genauer zu beziffern, hier ein kurzer Einblick, wie sich der Füllstand auf den Wert des Whiskys auswirkt.

Vertiefung: Einfluss von Füllstand auf den Wert

Die unsachgemäße Lagerung von Whiskyflaschen führt unter anderem zu einem sinkenden Füllstand. Nun stellt sich die Frage, wie sich der Füllstand auf den Wert auswirkt. Die verschiedenen Füllstände können allgemein von perfekt oder sehr gut „Into the Neck“ bis sehr schlecht „High Body“ kategorisiert werden. Abbildung 5.1 veranschaulicht die einzelnen Kategorien.

Abbildung 5.1: Füllstände

Unzählige Daten von internationalen Auktionen belegen, dass mit sinkendem Füllstand der Whisky an Wert verliert. Besonders auffällig ist der starke Einfluss bereits kleiner Flüssigkeitsverluste. Ein Rückgang vom „Into the Neck“-Füllstand auf „High Shoulder“ führt zu einem Wertverlust von 25 Prozent – ein erheblicher Rückgang! Ein weiterer Rückgang von „High Shoulder“ zu „Upper Mid Shoulder“ bedeutet einen zusätzlichen Verlust von zehn Prozent. Mit jeder weiteren Reduktion des Flüssigkeitsniveaus sinkt der erzielte Wert weiter.

Wichtige Erkenntnis für Käufer und Sammler: Prüfen Sie den Füllstand sorgfältig.

Füllstand und Wert

Füllstand	Wert
Into the Neck	100 %
High Shoulder	75 %
Upper Mid Shoulder	65 %
Mid Shoulder	60 %
Lower Mid Shoulder	55 %
Low Shoulder	45 %
High Body	20 %

Tabelle 5.1 zeigt die historisch dokumentierten Wertverluste je Füllstandniveau.

Beim Kauf einer Flasche, insbesondere als Sammelobjekt oder Investition, sollte der Füllstand ein entscheidendes Kriterium sein. Anmerkung: Je nach Flaschenform und Destillerie oder Abfüller können die originalen Füllstände etwas variieren. Die Wertminderungen sind daher immer auch im Verhältnis zum Ausgangszustand der ursprünglichen Abfüllung zu betrachten.

Regelmäßige Inspektion der Flaschen

Auch wenn Whisky in der Flasche im Gegensatz zu Fass-Whisky nicht mehr reift, sollten Sie Ihre Sammlung regelmäßig überprüfen. Achten Sie auf mögliche Veränderungen am Korken oder an der Verpackung.

5.2.2 Sicherung Ihrer Investitionen durch Versicherungen

Da wertvolle Whisky-Flaschen erhebliche finanzielle Werte darstellen können, ist es ratsam, diese angemessen zu versichern. So schützen Sie Ihre Sammlerstücke vor Diebstahl, Feuer, Wasserschäden und anderen unerwarteten Ereignissen.

Ermittlung des Marktwerts

Bevor Sie eine Versicherung abschließen, sollten Sie den aktuellen Marktwert Ihrer Whisky-Sammlung ermitteln. Es ist wichtig, dass Ihre Versicherung den tatsächlichen Wert der Sammlung abdeckt. Es gibt verschiedene Arten von Versicherungen. Während manche Hausratversicherungen einen gewissen Schutz für Sammlerstücke bieten, benötigt man für umfangreiche und wertvolle Whisky-Sammlungen oft spezielle Versicherungen.

Versicherte Risiken

Beim Abschluss einer Versicherung für Ihre Whisky-Sammlung ist es wichtig, darauf zu achten, dass alle relevanten Risiken abgedeckt sind. Folgende Risiken sollten unbedingt berücksichtigt werden:

- Feuer- und Wasserschäden: Diese Art von Schäden ist zwar eher selten, verursachen aber bei Eintritt die potenziell größten Schäden für Whisky-Sammlungen.
- Diebstahl: Eine nicht unerhebliche Gefahr für Sammler von wertvollem Whisky.
- Beschädigung und Bruch: Glasflaschen sind zerbrechlich und selbst bei sorgfältiger Lagerung kann es zu Unfällen kommen.
- Transportversicherung: Wenn Sie Ihre Whisky-Sammlung transportieren müssen, besteht das Risiko, dass die Flaschen während des Transports beschädigt werden.

Generell ist es ratsam, sämtliche Kaufbelege aufzubewahren und auch eine Fotodokumentation zum Nachweis des Besitzes anzulegen.

Regelmäßige Anpassung der Versicherung
Der Wert von Whisky-Flaschen kann im Laufe der Zeit erheblich schwanken. Daher ist es wichtig, Ihre Versicherung regelmäßig zu überprüfen und gegebenenfalls anzupassen, um sicherzustellen, dass die Sammlung weiterhin vollständig vom Versicherungsschutz gedeckt ist.

5.3 Rebalancing und Exit-Strategie

Ein Whisky-Portfolio ist keine statische Sammlung, sondern ein dynamisches Investment, das regelmäßig überprüft, angepasst und optimiert werden sollte. Rebalancing und eine klare Exit-Strategie sind entscheidend, um Rendite zu sichern und die angestrebte Balance des Portfolios zu gewährleisten.

5.3.1 Warum Rebalancing unverzichtbar ist

Rebalancing bedeutet, dass Sie Ihr Portfolio regelmäßig überprüfen und Umschichtungen vornehmen, wenn einzelne Positionen zu stark gewachsen oder zu riskant geworden sind.

Gründe für das Rebalancing:

- Die Preisentwicklung liegt deutlich hinter der eigenen Erwartung und es ist auch keine Besserung in Sicht.
- Die Preisentwicklung war so stark, dass zukünftig keine oder kaum eine weitere Wertentwicklung zu erwarten ist.
- Sie möchten mehr oder weniger diversifizieren.
- Übergewicht vermeiden: Wenn eine Flasche stark steigt, bindet sie irgendwann zu viel Kapital.
- Chancen nutzen: Gewinne aus Flaschenverkäufen können in neue, wachstumsstarke Whiskys reinvestiert werden.

- Risikokontrolle: Markttrends ändern sich, Hypes können kippen. Rebalancing schützt vor dem Klumpenrisiko eines nicht mehr ausbalancierten Portfolios.

Faustregel: Sehen Sie einmal pro Jahr das Portfolio durch und entscheiden Sie, welche Flaschen Sie behalten und welche Sie verkaufen wollen.

Methoden des Rebalancing
Es gibt mehrere Ansätze, wie Investoren Rebalancing betreiben können:

Prozentuale Zielstruktur
    - Beispiel: 50 Prozent Basiswerte, 30 Prozent Wachstumswerte, 20 Prozent Chancenpositionen.
    - Weicht ein Segment zu stark ab, wird verkauft oder zugekauft.
- Gewinnmitnahme ab Schwellenwert
    - Verkauf, wenn eine Flasche 200 bis 300 Prozent im Wert gestiegen ist.
    - Gewinne werden genutzt, um neue Flaschen ins Portfolio aufzunehmen.
- Zeitbasiertes Rebalancing
    - Nach festen Zeiträumen verkaufen (zum Beispiel nach fünf oder zehn Jahren).
    - Eventuell sinnvoll bei Sondereditionen oder Jubiläumsflaschen.

5.3.2 Exit-Strategie: Wann und wie verkaufen?
Eine klare Exit-Strategie schützt davor, aus reinem Bauchgefühl oder Hype heraus zu handeln. Sie definiert, wann und wo Sie Ihre Whiskys verkaufen.

Kriterien für den Verkauf

- Renditeziel erreicht: Zum Beispiel Verkauf ab 250 Prozent Gewinn
- Zeithorizont erfüllt: Zum Beispiel nach zehn Jahren Haltedauer
- Markttrends: Jubiläen, Wiedereröffnungen von Destillerien, neue Hype-Wellen
- Liquiditätsbedarf: Kapital wird für andere Investments oder private Zwecke benötigt

Verkaufsplattformen

Der Verkauf Ihrer Whiskyflasche kann sowohl online als auch offline über unterschiedliche Kanäle erfolgen. Entscheidend ist dabei weniger der Verkaufsort an sich als vielmehr die Frage, wo sich die passende Käufergruppe befindet. Nicht jede Plattform erreicht dieselbe Zielgruppe und nicht jede Flasche entfaltet ihr volles Marktpotenzial in jedem Umfeld.

Grundsätzlich gilt: Je seltener, gefragter und hochpreisiger eine Abfüllung ist, desto sinnvoller ist der Verkauf über etablierte Auktionsplattformen oder renommierte Auktionshäuser. Diese bündeln eine internationale Sammlerschaft, sorgen für Markttransparenz und begünstigen durch Bietergefechte häufig die für die Verkäufer optimale Preisfindung. Gleichzeitig profitieren Verkäufer von professioneller Abwicklung, Expertise und Reichweite.

Für nicht besonders seltene, aber dennoch sammelwürdige Abfüllungen bieten sich spezialisierte Online-Marktplätze an. Diese ermöglichen einen schnelleren Verkauf zum Festpreis und sorgen für eine hohe Liquidität, erfordern jedoch eine realistische Preisgestaltung und Marktkenntnis seitens des Verkäufers.

Daneben besteht stets die Möglichkeit des Direktverkaufs an Sammler, Händler oder über private Netzwerke. Dieser Weg kann Gebühren sparen helfen, ist jedoch meist mit geringerer Sichtbarkeit und einem eingeschränkten Käuferkreis verbunden.

Die folgende Übersicht listet eine kuratierte Auswahl bewährter Verkaufsplattformen auf, die sich je nach Flaschentyp, Wert und Verkaufsziel unterschiedlich gut eignen.

- Bonhams (www.bonhams.com)
- Sotheby's (www.sothebys.com)
- Whisky Auctioneer (www.whiskyauctioneer.com)
- Catawiki (www.catawiki.com)
- Whisky Auction (www.whiskyauction.com)
- Just Whisky (www.just-whisky.co.uk)
- The Whisky Shop Auctions (www.whiskyshop.com)
- Whiskybase Marketplace (www.whiskybase.com)
- The Whisky Exchange (www.thewhiskyexchange.com)
- Whisky.Auction (www.whisky.auction)

Für den Verkauf empfiehlt sich eine ähnliche Vorgehensweise wie beim Kauf. Preise und Marktsituation sollten vor einem Verkauf gründlich geprüft werden.

Während Händler oft keine Einzelflaschen von Privatpersonen ankaufen, so sieht dies bei vollständigen Sammlungen gelegentlich anders aus. Allerdings muss hier mit einem wesentlichen Preisabschlag gerechnet werden, da Händler neben dem eigenen Risiko auch ihre Gewinnmarge einkalkulieren. Bei Sammlungsauflösungen ist dies jedoch oft die schnellste und einfachste Methode.

Über Whisky-Foren kann man seine Flaschen hingegen anbieten, ohne dass dem Verkäufer oder Käufer Kosten entstehen. Zusätzlich besteht dort auch die gern genutzte Möglichkeit, Flaschenteilungen vorzunehmen. So hat man gegebenenfalls noch einmal die Chance, selbst einen Teil des Whiskys zu behalten und zu verkosten.

Nehmen Sie die Whiskys nach erfolgreichem Verkauf nicht von Ihrer Tracking- oder Excelliste, sondern markieren Sie diese als verkauft und halten Sie den Verkaufspreis fest. Die Verkaufsunterlagen sollten

Sie aufheben, allein schon für den Fall, dass Sie die Versicherung des Versandanbieters wegen Flaschenbruchs in Anspruch nehmen müssen.

Timing-Tipps

- Besondere Ereignisse nutzen: Weihnachten, chinesisches Neujahr, Jubiläen von Brennereien
- Marktzyklen beachten: Preise steigen oft kurz nach dem Ausverkauf von Serien oder wenn Destillerien geschlossen werden.
- Nicht in Panik verkaufen: Kurzfristige Markteinbrüche aussitzen

Steuerliche Überlegungen

Grundsätzlich werden Whiskyflaschen, die man physisch besitzt, dem Privatvermögen zugeordnet. Sofern man diese nur gelegentlich veräußert, handelt es sich um sogenannte „private Veräußerungsgeschäfte".

In einigen Ländern gilt: Wenn zwischen dem Kauf und dem Verkauf weniger als ein Jahr liegt, sind Gewinne aus Veräußerungsgeschäften steuerpflichtig. Es existiert jedoch oft auch eine Freigrenze pro Jahr, bis zu der keine Steuern bezahlt werden müssen. Nach einem Jahr Haltedauer sind die Gewinne dann meist nicht mehr steuerpflichtig.

Manche Whiskyliebhaber, die regelmäßig Whiskyflaschen veräußern, rutschen jedoch schnell in die Gewerblichkeit. Wenn also regelmäßig Verkäufe stattfinden, kann es durchaus sein, dass das Finanzamt dies als gewerblichen Handel klassifiziert. Wenn Sie sich in diesem Bereich unsicher sind, besprechen Sie dies mit dem Steuerberater und/oder Anwalt Ihres Vertrauens.

Zusammenfassung

1. Zielsetzung und Anlegertyp

Der wichtigste erste Schritt ist die Definition der eigenen Ziele:

- Kapitalwachstum (Vermögen mit Rendite aufbauen)
- Inflationsschutz (Kaufkraft erhalten)
- Diversifikation (Whisky als alternativer Sachwert im Portfolio)
- Leidenschaft und Lifestyle (Sammlerwert, persönlicher Bezug)

Parallel dazu sollten Anlagehorizont (kurz-, mittel- oder langfristig) und Budgetrahmen (vom kleinen Einstieg bis zur professionellen Sammlung) klar festgelegt werden. Abhängig vom persönlichen Risikoprofil – defensiv, ausgewogen oder dynamisch – empfehlen sich unterschiedliche Strategien für die Auswahl geeigneter Flaschen.

2. Marktverständnis entwickeln

Whisky ist keine homogene Anlageklasse. Jede Destillerie, jede Abfüllung und jedes Fass folgt eigenen Dynamiken. Für Investoren bedeutet das: Wer die Top-Destillerien kennt, die Bedeutung von Fassarten, Jahrgängen und Limitierungen versteht und Marktpreise aktiv beobachtet, kann Chancen nutzen und Risiken vermeiden. Eine zentrale Rolle spielen hierbei:

- Preisplattformen und Auktionen
- Informationsquellen und Communitys (Blogs, Foren, Social Media)
- Ein eigenes Bewertungssystem (Scoring nach Alter, Marke, Limitierung, Historie)

3. Erste Käufe tätigen

Beim Kauf von Investment-Flaschen gilt: Qualität vor Quantität. Relevante Kriterien sind das Renommee der Destillerie, die Limitierung, das Alter, der Zustand und die Verpackung sowie eine nachvollziehbare Markttransparenz.

- **Einstiegsklasse** (50 bis 500 Euro): Gute Basis für Anfänger, erste Sammlerstücke.
- **Mittelklasse** (500 bis 5.000 Euro): Etablierte Marken mit starkem Potenzial.
- **High End** (ab 5.000 Euro): Ikonen und Raritäten mit langfristigem Wertsteigerungspotenzial.

Der Kauf über Primärmarkt (Destillerie, Händler), Sekundärmarkt (Auktionen) und private Netzwerke sollte stets mit Dokumentation, Marktvergleich und Vorsicht vor Fälschungen erfolgen.

4. Dokumentation und Tracking
Ein professionelles Investment erfordert eine saubere Dokumentation aller Käufe: Daten zur Flasche (Jahrgang, Fass, Limitierung), Kaufdetails, Zustand, Verpackung und Marktpreise. Tools wie Excel, Google Sheets, Whiskystats.net oder RareWhisky101 sorgen für Transparenz und Nachvollziehbarkeit. Eine lückenlose Dokumentation dient zugleich der Versicherung, dem Wiederverkauf und als steuerliche Übersicht.

5. Lagerung und Versicherung
Der Werterhalt einer Flasche hängt maßgeblich von Lichteinfall, Temperatur, Feuchtigkeit und der Unversehrtheit von Verpackung und Etikett ab. Whisky wird stets aufrecht, kühl (15 bis 18 °C) und lichtgeschützt gelagert. Auch der Füllstand ist ein entscheidender Faktor für den Marktwert. Da Whisky-Sammlungen erhebliche Vermögenswerte darstellen können, ist eine spezialisierte Versicherung gegen Diebstahl, Feuer und Bruch dringend zu empfehlen.

6. Rebalancing und Exit-Strategie
Ein Whisky-Portfolio ist dynamisch und sollte regelmäßig überprüft und angepasst werden.

- **Rebalancing:** Gewinne sichern, Übergewichtungen abbauen, neue Chancen nutzen.
- **Exit-Strategie:** Verkaufsziele klar definieren – sei es Rendite (+250 Prozent), Zeitfaktor (zum Beispiel zehn Jahre Haltedauer) oder besondere Marktchancen (Jubiläen, Destillerie-Schließungen).
- **Verkaufsplattformen:** Auktionshäuser, spezialisierte Marktplätze oder Direktverkäufe an Sammler.

Eine klare Strategie schützt vor Panikentscheidungen und sichert langfristig eine nachhaltige Rendite.

Ein Whisky-Portfolio wächst nicht über Nacht –
es reift wie der Whisky selbst: mit Geduld, Struktur
und einer klaren Strategie.

6. Investorentipps und häufige Fragen

Was, wenn das Investment nicht die erhoffte Wertsteigerung bringt und ich eine Flasche trinken will?

Whisky-Investments bergen wie jede Anlage ein Risiko. Manchmal entwickelt sich eine Flasche nicht so wie erhofft – und das ist absolut kein Problem. Denn der große Vorteil von Whisky ist: Im Gegensatz zu Aktien oder Fonds kann man ihn im Zweifelsfall immer noch genießen.

Damit der Genuss auch wirklich ein Erlebnis wird, lohnt es sich, ein paar Grundregeln zu beachten:

1. Das richtige Glas
Empfehlung: Glencairn-Glas oder Nosing-Glas.
Form: Tulpenförmig, verjüngt sich nach oben – es bündelt Aromen und lenkt sie zur Nase.
Nicht ideal: Tumbler. Durch den breiten Rand verflüchtigen sich die Aromen zu schnell.

2. Serviertemperatur
Whisky entfaltet sein Aroma am besten bei Raumtemperatur (circa 18 bis 22 °C).
Kühlschrank oder Eis sind für edle Whiskys tabu, da sie Aromen „verschließen".

3. Wasser dazu?
Einige Tropfen stilles Wasser können die Aromen öffnen – besonders bei Abfüllungen in Fassstärke (Cask Strength).
Faustregel: Weniger ist mehr – lieber langsam herantasten.

4. Genussritual
Erst riechen, dann einen kleinen Schluck nehmen, im Mund verteilen, langsam genießen.

Kaufen Sie also idealerweise vor allem die Whiskys, die Ihnen auch schmecken.

Wie viele Flaschen gehören in ein solides Portfolio?
Ein gut strukturiertes Whisky-Portfolio muss nicht riesig sein – entscheidend ist die richtige Mischung.

- Einsteiger: 5 bis 20 Flaschen, um erste Erfahrungen zu sammeln.
- Fortgeschrittene Anleger: 20 bis 100 Flaschen für eine breite Diversifikation.
- Professionelle Sammler: Über 100 Flaschen, gegebenenfalls ergänzt durch Fässer.

Ein solides Einstiegsportfolio kann also bereits mit 5 bis 20 gezielt ausgewählten Flaschen starten.

Wie funktioniert die Core-Satellite-Strategie beim Whisky?
Die Core-Satellite-Strategie ist ein bewährtes Prinzip aus der Finanzwelt, das sich sehr gut auf Whisky-Investments übertragen lässt.

Core (Kern, circa 60 bis 70 Prozent des Portfolios):
- Stabile, etablierte Marken (zum Beispiel Macallan, Yamazaki, Glenfiddich, Springbank)
- Flaschen mit nachweislich solider Wertentwicklung
- Fokus: Sicherheit und planbares Wachstum

Satellite (Ergänzung, circa 30 bis 40 Prozent):
- Limitierte Sonderabfüllungen, New Releases, Club-Editionen
- Nischen- und aufstrebende Destillerien (zum Beispiel Kilchoman, Kavalan)
- Fokus: Höheres Risiko, dafür überdurchschnittliche Renditechancen

Beispiel für ein solides Einstiegsportfolio mit circa 10 Flaschen?
6 bis 7 Core-Flaschen: Macallan Edition, Glendronach Single Cask, Yamazaki Limited.

3 bis 4 Satelliten: Ardbeg Committee Release, Springbank Local Barley, neue, experimentelle Abfüllungen (zum Beispiel Jura Islanders' Expression, Glenlivet A Tale of Cake, Glenfiddich Experimental Series).

Was sind die beliebtesten Destillerien aus den einzelnen Ländern?
Diese Frage kann nicht absolut beantwortet werden, da Whisky Geschmackssache ist und es auch davon abhängt, ob jemand Genießer, Sammler oder Investor ist.

Es folgt eine kurze Liste zu unterschiedlichen Ländern mit den meistgehandelten Sammlerwhiskys auf Auktionen.

Schottland: Dalmore, Macallan, Glenfarclas, Bowmore, Ardbeg, Port Ellen, Springbank, Glenfiddich, Glen Grant, Glenlivet, Glenmorangie, Lagavulin, Talisker, Laphroaig, Highland Park

Irland: Dunville's, Tullamore Dew, Bushmills, Teeling, Midleton

Japan: Yamazaki, Hibiki, Karuizawa, Nikka, Hakushu, Chichibu

USA: Van Winkle, Michter's, Buffalo Trace, Blanton's, Thomas H. Handy, Old Fitzgerald

Diese Liste ist nicht erschöpfend, enthält aber einige der leichter handelbaren Sammlerwhiskys.

Machen Whisky-Aktien Sinn?

Kurz gesagt: Nein. Aktien von börsennotierten Spirituosenkonzernen (zum Beispiel Diageo, Pernod Ricard, Beam Suntory) können eine Ergänzung im Depot sein – aber sie sind kein Ersatz für ein direktes Whisky-Investment. Warum? Sie liefern keine Wertpartizipation an alten Flaschen. Der Kurs einer Aktie steigt nicht, nur weil eine alte Macallan oder Yamazaki bei Sotheby's für eine Million Euro versteigert wird. Umgekehrt spiegeln Aktienkurse Umsatz, Gewinn und Dividendenpolitik wider – nicht die Knappheit einzelner Abfüllungen.

Was ist der häufigste Fehler bei Whisky-Investments?

Der häufigste Fehler ist Ungeduld – gefolgt von fehlender Strategie. Weitere typische Fehler:

- Kaufen ohne klare Zielsetzung
- Übergewichtung einzelner Destillerien
- Vernachlässigung der Lagerung
- Trends oder Social-Media-Hypes blind folgen

Erfolgreiche Whisky-Investoren handeln ruhig, strukturiert und langfristig.

Wie bleibe ich immer informiert über Neuerscheinungen?
Wer mit Whisky-Investments erfolgreich sein will, muss frühzeitig von neuen Releases erfahren – oft sind limitierte Abfüllungen schon nach wenigen Stunden ausverkauft. Mit den richtigen Informationsquellen verschaffen Sie sich einen entscheidenden Vorteil.

1. Offizielle Destillerie-Newsletter
Melden Sie sich bei allen relevanten Destillerien für den E-Mail-Verteiler an. Viele neue und limitierte Abfüllungen werden zuerst exklusiv an Newsletter-Abonnenten kommuniziert.

2. Online-Händler und Plattformen
Abonnieren Sie die Newsletter von Händlern wie The Whisky Exchange, Master of Malt oder whisky.de. Oft gibt es Vorankündigungen oder Pre-Order-Phasen.

3. Social Media und Foren
Folgen Sie Destillerien und Sammlergruppen auf Instagram, Facebook und Co. In Communitys wird oft sofort über neue Releases berichtet.

4. Auktionshäuser und Marktplätze
Beobachten Sie Plattformen wie Whisky Auctioneer, Catawiki, Bonhams, Sotheby's. Neuerscheinungen tauchen hier oft schnell im Zweitmarkt auf – ein guter Indikator für Nachfrage und Preisentwicklung.

5. Preis- und Datenbanken nutzen
Plattformen wie RareWhisky101 oder Whiskystats.net publizieren Marktbewegungen und -einblicke. Sie sind ideal, um die ersten Preisentwicklungen nach dem Release zu tracken.

6. Networking und Clubs
Werden Sie Mitglied in Whisky-Clubs oder Tasting-Gruppen. Persönliche Kontakte liefern oft exklusive Informationen oder ermöglichen gemeinsame Käufe.

Je älter ein Whisky ist, desto besser schmeckt er – stimmt das?
Das auf einer Whiskyflasche angegebene Alter ist kein endgültiger Beweis für Überlegenheit. Die Zahl gibt lediglich an, wie viele Jahre der Whisky im Fass gereift ist – doch sein Charakter wird von mehreren Faktoren beeinflusst.

So kann eine prägnante Fruchtnote, die einen zwölfjährigen Whisky auszeichnet, nach weiteren Jahren Reifung nur noch schwach wahrnehmbar sein – eine Enttäuschung für alle, die genau diesen fruchtigen Charakter lieben. Umgekehrt entgehen jenen, die ausschließlich ältere Whiskys trinken, oft die frischen, lebendigen Aromen jüngerer Abfüllungen, die weniger vom Fass geprägt sind.

Sollte ich regelmäßig verkaufen oder alles langfristig halten?
Beides kann sinnvoll sein – entscheidend ist die Strategie. Gewinnmitnahmen helfen, Kapital freizusetzen und Risiken zu reduzieren. Langfristiges Halten lohnt sich besonders bei ikonischen Flaschen mit klarer Marktstellung.

Ein bewährter Ansatz: Gewinne bei starken Preissteigerungen teilweise realisieren, Kernpositionen jedoch langfristig halten. So bleibt das Portfolio dynamisch, ohne an Stabilität einzubüßen.

Wie erkenne ich, ob ein Release eher Hype ist oder Substanz hat?
Nicht jede limitierte Abfüllung ist automatisch ein gutes Investment. Typische Prüffragen sind:

- Ist die Destillerie langfristig sammlerrelevant?
- Gab es vergleichbare Releases mit stabiler Wertentwicklung?
- Ist die Limitierung real oder nur marketinggetrieben?

- Wie verhält sich der Preis im Zweitmarkt in den ersten drei bis sechs Monaten?

Nachhaltige Wertentwicklung entsteht meist aus Reputation + Knappheit + Nachfrage, nicht aus Marketing allein.

Ist es sinnvoll, Whisky nur wegen der Rendite zu kaufen?

Rein theoretisch ja – praktisch ist es riskant. Whisky ist eine Anlageklasse mit starker emotionaler Komponente. Wer ausschließlich auf die Rendite fokussiert ist, neigt zu:

- Kurzfristigem Denken
- Übergewichtung von Trends
- Emotionalen Fehlentscheidungen

Der stabilste Ansatz ist: Investieren Sie bevorzugt in Whiskys, die Sie auch selbst trinken würden. So bleibt selbst bei einem ungünstigen Szenario ein realer Gegenwert erhalten.

Wie wichtig ist die richtige Lagerung wirklich?

Extrem wichtig – sie ist ein stiller, aber entscheidender Renditefaktor. Fehlerhafte Lagerung kann die Etiketten beschädigen, Füllstände reduzieren und daher den Marktwert drastisch senken.

Die Grundregeln lauten:

- Dunkel, konstant kühl (circa 15 bis 18 °C)
- Stehend lagern
- Keine direkte Sonneneinstrahlung
- Originalverpackung aufbewahren

Eine falsch gelagerte Top-Flasche ist am Markt oft weniger wert als eine korrekt gelagerte Durchschnittsabfüllung.

Sollte ich einen großen Teil meines Gesamtvermögens in Whisky investieren?

In der Regel: nein. Whisky eignet sich hervorragend als Beimischung, nicht als Alleinstrategie. Für die meisten Anleger gilt: 5 bis 15 Prozent des Gesamtvermögens sind sinnvoll, darüber hinaus steigt das Klumpenrisiko deutlich.

Whisky funktioniert am besten im ausgewogenen Zusammenspiel mit klassischen Anlageklassen.

Wie unterscheidet sich Whisky von anderen Genuss-Investments wie Wein?

Die wesentlichen Unterschiede sind:

- Whisky altert nicht in der Flasche, Wein schon.
- Whisky ist robuster in puncto Lagerung und Transport.
- Der Zweitmarkt für Whisky ist oft transparenter und globaler.

Beide Anlageklassen können sich sinnvoll ergänzen – Whisky gilt jedoch als pflegeleichter.

Wie groß ist das Risiko regulatorischer Eingriffe?

Kurzfristig ist es gering, langfristig ist es jedoch nicht ganz irrelevant.

Mögliche Risiken sind:

- Änderungen bei Alkoholsteuern
- Zoll- und Importregelungen
- Plattform- und Auktionsregulierung

Da Whisky global gehandelt wird, sind regionale Diversifikation und saubere Dokumentation entscheidend.

Wann sollte man sich professionelle Unterstützung holen?

Spätestens wenn:

- das Portfolio größer wird
- Fässer hinzukommen
- internationale Verkäufe geplant sind
- steuerliche Fragen komplexer werden

Durch professionelle Beratung lassen sich Fehler vermeiden, die deutlich teurer wären als das dafür bezahlte Honorar.

Danksagung

Dieses Buch wäre in dieser Form nicht möglich gewesen ohne den fachlichen Austausch, die kritischen Impulse und die praxisnahen Einblicke zahlreicher Experten aus der internationalen Whisky- und Investmentwelt.

Mein besonderer Dank gilt Trevin Lam, einem quantitativen Whisky-Investor, für seine analytische Perspektive und die gemeinsamen datenbasierten Diskussionen über Whisky als alternative Anlageklasse. Ebenso danke ich Taylor Costa van Putten für wertvolle Einschätzungen aus institutioneller Investmentperspektive sowie Mihai Damse und Graham Ewart, Whisky-Consultants aus Schottland, für tiefgehende Einblicke in den Fassmarkt, Lagerstrukturen und die praktischen Realitäten des Cask-Managements.

Ein großer Dank geht zudem an Ben Curtis für seine Expertise an der Schnittstelle von Abfüllung, Konsum, Marktmechanik und internationalem Vertrieb.

Der offene Austausch mit all diesen Fachleuten hat maßgeblich dazu beigetragen, Theorie und Praxis in diesem Buch sinnvoll miteinander zu verbinden.

Abschließend gilt mein Dank auch Ihnen als Leserin oder Leser dieses Buches. Ich hoffe, dass die Inhalte Ihnen neue Perspektiven eröffnet haben, Ihnen Zusammenhänge klarer geworden sind und Sie konkrete Impulse für Ihre eigenen Entscheidungen bei Whisky-Investments mitnehmen können. Wenn dieses Buch dazu beiträgt, Wissen nicht nur aufzubauen, sondern auch praktisch anzuwenden, hat es sein Ziel erreicht.

Für verbleibende Fragen oder einen fachlichen Austausch stehe ich jeder Leserin und jedem Leser gern jederzeit über LinkedIn zur Verfügung.

Wichtige Whisky-Fachbegriffe

ABV (Alcohol by Volume): Der Alkoholanteil in einer Flüssigkeit in Prozent, der die Stärke des Destillats angibt. Für Scotch Whisky liegt das gesetzliche Minimum bei 40 Prozent ABV.

Age: Die Anzahl der Jahre, die ein Whisky im Fass gereift ist. Nach der Abfüllung in eine Flasche altert Whisky nicht weiter.

Age of Youngest Spirit (AYS): Das Alter des jüngsten Bestandteils in einem Blended Whisky, das gesetzlich auf dem Etikett angegeben sein muss. Besonders wichtig bei Blended und Vatted Whiskys. Unter Vatted Whisky versteht man die Vermischung von gleichen Whiskys derselben Destillerie. Fehlt die Angabe, ist der jüngste enthaltene Whisky mindestens drei Jahre alt.

American Standard Barrel (ASB): Ein 200-Liter-Fass, ursprünglich für Bourbon, häufig für Scotch weiterverwendet.

Angels' Share: Der Anteil Whisky, der während der Reifung verdunstet – etwa zwei Prozent pro Jahr.

Barley: Gerste – ein Getreide, das häufig bei der Herstellung von Whisky verwendet wird. Scotch Single Malt darf nur aus gemälzter Gerste bestehen.

Beneficial Owner: Die Person, die rechtlich Eigentümer eines Whiskyfasses ist und die Kontrolle darüber ausübt.

Blended Whisky: Eine Mischung aus Whiskys mit dem Ziel eines ausgewogenen, gleichbleibenden Geschmacks.

Blending: Das gezielte Vermischen von Whiskys, um ein gewünschtes Geschmacksprofil zu erzeugen.

Bonded Warehouse: Ein staatlich zugelassenes Lager für die steuerfreie Lagerung während der Reifung.

Bulk Litres: Das gesamte Volumen der Flüssigkeit im Fass, unabhängig vom Alkoholgehalt.

Bulk Litres of Alcohol (BLA): Die Menge reinen Alkohols im Fass, basierend auf Volumen und ABV.

Bung: Der Holzverschluss eines Fasses, meist aus Pappelholz, zur Probenentnahme oder zum Fasswechsel.

Butt: Ein 500-Liter-Sherryfass, das oft für die Reifung von Scotch verwendet wird.

Campbeltown: Kleine Region mit maritimen, kräftigen Whiskys – Springbank, Glen Scotia, Glengyle.

Cask: Ein Holzfass (meist aus Eiche), das zur Reifung von Whisky verwendet wird. Die Art des Fasses beeinflusst Geschmack und Farbe.

Cask Influence: Der Einfluss des Fasses auf Geschmack, Geruch und Charakter.

Cask Management: Die Überwachung und Pflege von Fässern während der Reifung.

Cask Sample: Eine Probe direkt aus dem Fass zur Qualitätskontrolle während der Reifung.

Cask Strength Whisky: Whisky, der direkt aus dem Fass ohne Verdünnung abgefüllt wurde. Solche Whiskys sind meist sehr stark, oft mit über 60 Prozent ABV.

Cask Type: Die Fassart (zum Beispiel Ex-Bourbon, -Sherry, -Portwein), die den Geschmack stark beeinflusst.

Char: Die angekohlte Innenseite eines Fasses, die Aromen an den Whisky abgibt.

Char Levels: Der Grad der Verkohlung im Fassinneren – von leicht bis stark – beeinflusst den Geschmack.

Chill Filtration: Eine Kühlfiltration zur Entfernung trüber Bestandteile – meist aus kosmetischen Gründen.

Coffey Still: Eine kontinuierlich arbeitende Brennblase für Grain Whisky, patentiert von Aeneas Coffey.

Complexity: Bezeichnet die Vielschichtigkeit und Tiefe eines Whiskys, also wie viele unterschiedliche Aromen, Geschmacksnoten und Entwicklungen er im Verlauf von Nase, Gaumen und Abgang zeigt.

Cooper: Der Böttcher oder Fassmacher.

Cooperage: Die Werkstatt, in der Fässer gebaut, gewartet und restauriert werden.

Delivery Order (DO): Ein offizielles Dokument zur Übertragung des Fassbesitzes, vom Lagerverwalter unterschrieben.

Distillation Date: Das genaue Datum, an dem der Spirit destilliert und zur Reifung ins Fass gefüllt wurde.

Distillery Capacity: Die maximale Produktionsmenge einer Destillerie pro Jahr.

Dram: Schottischer Ausdruck für eine Portion Whisky, oft informell gebraucht.

Dunnage Warehouse: Traditionelles Lager mit niedrigen Steinwänden und Erdboden für stabile Reifebedingungen.

Duty Paid: Bezeichnung für Whisky, auf den bereits sämtliche Verbrauchssteuern (Excise Duty) sowie gegebenenfalls weitere Abgaben entrichtet wurden. Duty-Paid-Bestände werden meist außerhalb von Zolllagern gelagert und können ohne zusätzliche Steuerzahlungen verkauft oder ausgeliefert werden. Für Investoren ist dies relevant, da sich der Kaufpreis von Duty-Paid-Whisky deutlich von dem eines noch unversteuerten Bestands unterscheiden kann.

Duty Suspension: Steueraufschub für Whisky, der in einem Zollfreilager lagert – Steuern fallen erst bei Abfüllung oder Export an.

Excise Tax: Verbrauchssteuer auf Alkohol – auch auf Whisky.

Feints: Unerwünschte Bestandteile des Destillats, die verworfen werden.

Fermentation: Der Prozess, bei dem Hefe Zucker im Wash in Alkohol umwandelt – Grundlage für die spätere Destillation.

Finish: Der Nachgeschmack nach dem Schlucken – ein langer Finish zeugt von Qualität.

Finishing: Die Nachreifung eines Whiskys in einem anderen Fass für zusätzliche Aromen – meist drei bis zwölf Monate.

First-fill Cask: Ein Fass, das zum ersten Mal für Whisky verwendet wird.

Highlands: Große Vielfalt an Aromen – von mild (Glenmorangie) bis kräftig (Talisker).

HMRC: Britische Finanzbehörde – zuständig für Steuern und Whiskyregulierung.

Hogshead: Ein 230- bis 250-Liter-Fass, meist aus recycelten American Standard Barrels, gängig in Schottland.

IBC (Intermediate Bulk Container): Großbehälter für Whisky außerhalb des Fasses, oft für Transportzwecke genutzt.

Islay: Bekannt für rauchige, torfige Whiskys wie Laphroaig und Ardbeg.

Kilning: Das Darren von Gerste durch Hitze, häufig mit Torfrauch, um rauchige Noten zu erzeugen.

Labeling Requirements: Gesetzliche Anforderungen an Whiskyetiketten (Alter, Herkunft, Typ).

Lowlands: Leichte, oft dreifach destillierte Whiskys – zum Beispiel Auchentoshan.

Malt: Gemälzte Gerste – also Gerste, die eingeweicht, zum Keimen gebracht und anschließend getrocknet wurde – für die Whiskyherstellung.

Maltster: Derjenige, der für das Mälzen von Gerste zuständig ist.

Master Blender: Verantwortlich für das Mischen verschiedener Whiskys zu einem harmonischen Endprodukt.

Master Distiller: Die verantwortliche Person für Destillation und Qualität.

Maturation: Der Reifeprozess von Whisky in Eichenfässern. In Schottland ist eine Mindestlagerzeit von drei Jahren gesetzlich vorgeschrieben.

New Make Spirit: Der frische Brand direkt nach der Destillation, noch nicht gereift. Er wird erst nach der vorgeschriebenen Reifezeit zu Whisky.

Nose: Der Duft des Whiskys, wie er in der Nase wahrgenommen wird.

Nosing: Das Riechen am Whisky zur Aromabestimmung.

Octave: Ein 50-Liter-Fass, beliebt für Experimente oder limitierte Editionen.

Original Litres of Alcohol (OLA): Die Alkoholmenge im Fass bei der Erstbefüllung.

Palate: Der Geschmack beim Trinken – beschreibt die Aromenentwicklung auf der Zunge.

Palletized Warehouse: Fässer stehen auf Paletten – platzsparend, aber weniger Luftzirkulation.

Peat Moss: Torfmoos – das Ausgangsmaterial für Torf, welcher beim Darren verwendet werden kann, um dem Whisky einen rauchigen Geschmack zu verleihen.

Pot Still: Eine Kupferbrennblase für Single Malts, arbeitet im Chargenbetrieb und erhält komplexe Aromen.

Quarter Cask: Ein kleines 125-Liter-Fass mit höherem Reifungseinfluss durch mehr Holzkontakt.

Racked Warehouse: Modernes Lager mit Metallregalen zur besseren Belüftung und Zugänglichkeit.

Regauge: Die erneute Messung von Alkoholgehalt und Füllmenge eines Fasses zur Überwachung der Reifung.

Regauged Litres of Alcohol (RLA): Die aktuell gemessene Menge reinen Alkohols im Fass nach einer gewissen Reifezeit.

Re-Gauging: Die Neuvermessung eines Whiskyfasses zur Ermittlung des aktuellen Füllstands und Alkoholgehalts. Da während der Reifung durch den Angel's Share kontinuierlich Flüssigkeit verdunstet, liefert ein Re-Gauging die Grundlage für eine aktuelle Bewertung des Fasses und spielt insbesondere bei Whisky-Investments eine wichtige Rolle.

Re-Racking: Das Umlagern eines Whiskys in ein anderes Fass, um neue Geschmacksnuancen zu erzielen.**Scotch Whisky Association (SWA):** Branchenverband zum Schutz und zur Förderung von Scotch Whisky.

Scotch Whisky Regulations: Die gesetzlichen Vorschriften zur Herstellung von Scotch Whisky.

Seasoned Cask: Ein Fass, das zuvor mit Sherry, Portwein oder anderem befüllt war und diese Aromen an den Whisky weitergibt.

Single Cask Whisky: Whisky, der aus nur einem einzelnen Fass abgefüllt wurde – unvermischt mit anderen. Dies führt zu einzigartigen Geschmacksprofilen.

Single Grain Whisky: Kommt aus einer einzigen Destillerie, kann jedoch auch andere Getreidesorten als Gerste enthalten und wird meist in Column Stills hergestellt.

Single Malt Whisky: Wird in einer einzigen Destillerie ausschließlich aus gemälzter Gerste hergestellt und in Pot Stills destilliert.

Speyside: Leichtere, oft süße Whiskys – Glenfiddich und Macallan sind die bekanntesten Vertreter.

Spirit: Ein alkoholisches Getränk mit einem Alkoholgehalt von mindestens 20 Prozent.

Still: Die Destille, in der Alkohol aus dem Wash gewonnen wird – als Pot oder Column Still.

Tannins: Holzinhaltsstoffe, die ein trockenes Mundgefühl erzeugen – stärker bei bestimmten Fassarten.

Tasting Notes: Beschreibungen von Geschmack, Aroma und Mundgefühl beim Whiskygenuss.

Trading Names: Ersatznamen für Whiskys, wenn sie nicht unter dem Originalnamen verkauft werden dürfen (zum Beispiel „Whitlaw" für Highland Park). Dies ist der Fall, wenn unabhängige Abfüller Whiskyfässer bekannter Destillerien kaufen und selbst abfüllen.

Vatting: Das Vermengen von Whiskys derselben Destillerie in einem Behälter vor der Abfüllung.

Wash: Die alkoholhaltige Flüssigkeit nach der Fermentation, die vor der Destillation entsteht – ähnlich einem Bier.

Whisky Cask Investment: Investition in Whiskyfässer als alternative Anlageform.

Quellen

„Assets: Total Assets (Less Eliminations from Consolidation): Wednesday Level“. Board of Governors of the Federal Reserve System (US), abgerufen bei FRED, Federal Reserve Bank of St. Louis, 1. Januar 2026[L5.1], https://fred.stlouisfed.org/series/WALCL.

„At RW101 We Have 3 Key Client Groups – Drinkers/Connoisseurs, Collectors And Investors“. *Rare Whisky 101*, https://www.rarewhisky101.com/indices/insight/dci-model.

„Big Mac Index by Country 2025“. *World Population Review*, 2025, https://worldpopulationreview.com/country-rankings/big-mac-index-by-country.

„Big-Mac-Index: Weltweiter Preisvergleich für einen Big Mac im Januar 2025“. *Statista*, Januar 2025, https://de.statista.com/statistik/daten/studie/199335/umfrage/big-mac-index-weltweiter-preis-fuer-einen-big-mac/.

„Big Mac Index US". *Truflation*, https://truflation.com/marketplace/us-big-mac.

Bischofberger, Samuel: „Die Geschichte des Whiskys in Schottland & Irland". *Malt Whisky Magazin*, 28. Mai 2023, https://www.maltwhisky.de/whisky-geschichte/#:~:text=Die%20erste%20nachweisliche%20urkundliche%20Erwähnung,Whisky%20herzustellen.

Bischofberger, Samuel: „Investieren in Whisky: 7 Gründe, warum es sich nicht lohnt". *Malt Whisky Magazin*, 24. Februar 2022, https://www.maltwhisky.de/whisky-investment/.

Bischofberger, Samuel: „Whisky-Herstellung: Einfach erklärt in 5 Punkten". *Malt Whisky Magazin*, 11. Januar 2021, https://www.maltwhisky.de/whisky-herstellung-einfach-erklaert/.

„Bitcoin". *CoinMarketCap*, https://coinmarketcap.com/currencies/bitcoin/.

„Bowmore Index". *Rare Whisky 101*, https://www.rarewhisky101.com/indices/distillery-specific-indices/bowmore-index.

Carruthers, Nicola: „Rare whisky sales slump in 2024". *The Spirits Business*, 10. Dezember 2024, https://www.thespiritsbusiness.com/2024/12/rare-whisky-sales-slump-in-2024/.

„Central Bank Assets for Euro Area (11-19 Countries)". European Central Bank, abgerufen bei FRED, Federal Reserve Bank of St. Louis, 1. Januar 2026, https://fred.stlouisfed.org/series/ECBASSETSW.

„Consumer Opinion Surveys: Composite Consumer Confidence for China". Organization for Economic Co-operation and Development, abgerufen bei FRED, Federal Reserve Bank of St. Louis, 1. Januar 2026, https://fred.stlouisfed.org/series/CSCICP02CNM460S.

„Consumer Opinion Surveys: Composite Consumer Confidence for Euro Area (19 Countries)“. Organization for Economic Co-operation and Development, abgerufen bei FRED, Federal Reserve Bank of St. Louis, 1. Januar 2026, https://fred.stlouisfed.org/series/CSCICP02EZM460S.

Cordiez, Tom: *That's the Spirit: An Analysis of Investment in Collectible Whisky*. 2020. Erasmus University Rotterdam, Masterarbeit.

Dalio, Ray: *Die Prinzipien des Erfolgs*. München: FinanzBuch Verlag, 2019.

De los Santos, Annette: „Whisky als Geldanlage – nur für Kenner oder attraktives Investment?“. *Bergfürst*, 27. März 2025, https://de.bergfuerst.com/ratgeber/whisky-investment.

„Deutscher Oldtimer Index: Oldtimer-Preise steigen leicht an“. VDA, 8. April 2025, https://www.vda.de/de/presse/Pressemeldungen/2025/250407_PM_Oldtimer-Preise-steigen-leicht-an.

„Distillery Map“. *Scotch Whisky Association*, 2025, https://www.scotch-whisky.org.uk/2175.

„ECB Deposit Facility Rate for Euro Area“. European Central Bank, abgerufen bei FRED, Federal Reserve Bank of St. Louis, 1. Januar 2026, https://fred.stlouisfed.org/series/ECBDFR.

„Federal Funds Effective Rate". Board of Governors of the Federal Reserve System (US), abgerufen bei FRED, Federal Reserve Bank of St. Louis, 1. Januar 2026, https://fred.stlouisfed.org/series/DFF.

„Fill Level Price Variance". *Rare Whisky 101*, https://www.rarewhisky101.com/indices/insight/fill-level-price-variance-curve.

„GLD ETF Stock Price History". *Investing.com*, https://www.investing.com/etfs/spdr-gold-trust-historical-data.

„Glen Moray Price History". *WhiskyInvestDirect*, https://www.whisky-investdirect.com/glen-moray/2016/Q3/BBF/chart.do.

„Glenfiddich Index". *Rare Whisky 101*, https://www.rarewhisky101.com/indices/distillery-specific-indices/glenfiddich-index.

„Glenlivet Index". *Rare Whisky 101*, https://www.rarewhisky101.com/indices/distillery-specific-indices/glenlivet-index.

„Global Scotch Whisky Exports". *Scotch Whisky Association*, https://www.scotch-whisky.org.uk/industry-insights/international-trade/.

Graham, Benjamin: *The Intelligent Investor.* New York: HarperBusiness, 2003.

Hagstrom, Robert G.: *Warren Buffett: Sein Weg. Seine Methode. Seine Strategie.*: 3., komplett überarbeitete Ausgabe. Kulmbach: Börsenbuchverlag, 2016.

Hermes, Ann Kathrin: „Investieren in Whisky – ‚Das flüssige Gold'". *Trend*, 25. Januar 2024, thttps://www.trend.at/invest/investieren-whisky.

Herzog, Benjamin: „Die Geschichte des Whiskys“. *Falstaff*, 30. August 2019, https://www.falstaff.com/at/news/die-geschichte-des-whiskys.

„House price index (2015 = 100) – quarterly data“. *Eurostat*, 3. Oktober 2025, https://ec.europa.eu/eurostat/databrowser/view/prc_hpi_q__custom_19530170/default/table.

„Japanese 100 Index“. *Rare Whisky 101*, https://www.rarewhisky101.com/indices/market-performance-indices/japanese-100-index.

Kahneman, Daniel: *Schnelles Denken, langsames Denken*. München: Siedler, 2012.

Koutsakis, George: „Whisky Madness: $600 Scotch Sells For Over $6,000 Two Weeks After Release“. *Forbes*, 29. August 2018, https://www.forbes.com/sites/georgekoutsakis/2018/08/29/whisky-madness-600-scotch-sells-for-over-6000-two-weeks-after-release/.

„Liv-ex Data, Indexes & Indices: Reading the Market“. Cult Wines, September 2025, https://www.wineinvestment.com/learn/insights/liv-ex-data-indexes-and-indices-reading-the-market/.

„Macallan Index“. *Rare Whisky 101*, https://www.rarewhisky101.com/indices/distillery-specific-indices/macallan-index.

Mademann, Daniel: „Whisky – zwischen Genuss und Kapitalanlage“. *MKVV*, 12. März 2024, https://mkvv.de/aktuelles/allgemein/sonder-podcastfolge-whisky-zwischen-genuss-und-kapitalanlage/.

Moroz, David, und Bruno Pecchioli: „Should You Invest in an Old Bottle of Whisky or in a Bottle of Old Whisky? A Hedonic Analysis of Vintage Single Malt Scotch Whisky Prices“. *Journal of Wine Economics*,

Bd. 14, Nummer 2, Mai 2019, S. 145-163. https://doi.org/10.1017/jwe.2019.13.

Motley, Arthur: „The 1823 Excise Act". *Scotch Whisky Association*, https://www.scotch-whisky.org.uk/discover-scotch/story-of-scotch/the-1823-excise-act/.

„M2 (M2SL)". Board of Governors of the Federal Reserve System (US), abgerufen bei FRED, Federal Reserve Bank of St. Louis, 1. Januar 2026, https://fred.stlouisfed.org/series/M2SL.

Pernsteiner, Helmut et al.: *Behavioral Finance*. Wien: Linde Verlag, 2019.

„Port Ellen Index". *Rare Whisky 101*, https://www.rarewhisky101.com/indices/distillery-specific-indices/port-ellen-ob-index.

„Rare Whisky Icon 100 Index". *Rare Whisky 101*, https://www.rarewhisky101.com/indices/market-performance-indices/rare_whisky_100_index.

Schrieberg, Felipe: „Don't Buy Scotch Whisky Casks As An Investment. Here's Why". *Forbes*, 6. November 2025, https://www.forbes.com/sites/felipeschrieberg/2025/11/06/dont-buy-scotch-whisky-casks-as-an-investment-heres-why/.

„Schottische Whiskyexporte 2024 wuchsen im Volumen und sanken im Wert". *Whisky Experts*, 14. Februar 2025, https://whiskyexperts.net/schottische-whiskyexporte-2024-wuchsen-im-volumen-und-sanken-im-wert/.

„Scotch Whisky: An Internationally Traded Spirit". *Scotch Whisky Association*, 13. Februar 2025, https://www.scotch-whisky.org.uk/industry-insights/international-trade/.

Simm, Sylvia: „Internationaler Whisky“. *Whisky.de*, 10 April 2024, https://www.whisky.de/internationaler-whisky.html?srsltid=AfmBOopFuWQCyp6La073SxaAZykHNz5RrXvbIKn_pvrPyhJ5dtkKTY4C&cHash=0a8cc5cd25c102eb861674b954c2190b&autoredirected=1.

Simm, Sylvia: „Schottland – Die Geschichte des Whiskys“. *Whisky.de*, 16. April 2025, https://www.whisky.de/die-geschichte-des-whiskys.html?srsltid=AfmBOorTWC5QBwRJLQo1XXFMWQCuyCylLHlax7PTOHAmuFan3ACqHzjW&cHash=628ce2e33f2e8e4bad2770cff011d068&autoredirected=1.

„Single Grain 100 Index“. *Rare Whisky 101*, https://www.rarewhisky101.com/indices/market-performance-indices/single-grain-100-index.

„Springbank Index“. *Rare Whisky 101*, https://www.rarewhisky101.com/indices/distillery-specific-indices/springbank-index.

„Story of Scotch“. *Scotch Whisky Association*, 2025, https://www.scotch-whisky.org.uk/discover-scotch/story-of-scotch/.

„S&P 500 Historical Data“. *Investing.com*, https://www.investing.com/indices/us-spx-500-historical-data.

Taghizadegan, Rahim et al.: *Österreichische Schule für Anleger: Austrian Investing zwischen Inflation und Deflation*. München: FinanzBuch Verlag, 2014.

Tegtmeier, Lars: „Does Rare Whisky Add Value in Multi-Asset Portfolios?“. *The Journal of Alternative Investments*, Bd. 24, Ausgabe 4, Mai 2022, S. 90–109. https://doi.org/10.3905/pa.2022.jaipa057.

„Teurer Whisky als Geldanlage – ein Leitfaden zum Investment". *Tabakhero*, https://www.tabakhero.de/blog/geldanlage-whisky#:~:text=Table_title:%20Teurer%20Whiskey%20als%20Geldanlage%20%2D%20die,1926%20Michael%20Dillon%20%7C%20Marke:%20Macallan%20%7C.

„The Artprice 100© Index of blue-chip artists loses 8.3% in 2024". *artprice.com*, 20. Februar 2025, https://www.artprice.com/artprice-news/6893/The+Artprice100©+Index+of+blue-chip+artists+loses+8.

„The 1823 Excise Act". *Scotch Whisky Association*, https://www.scotch-whisky.org.uk/discover-scotch/story-of-scotch/the-1823-excise-act/.

Thompson, Hannah: „The Truth About Cask Investment & 10–18% Per Annum Returns". *Mark Litter*, 2. März 2020, https://www.marklittler.com/the-truth-about-cask-investment-10-18-per-annum-returns/.

Thompson, Hannah: „Whisky Investment: A Beginner's Guide". *Mark Litter*, 6. August 2021, https://www.marklittler.com/beginners-guide-to-whisky-investment/.

„University of Michigan: Consumer Sentiment". University of Michigan, abgerufen bei FRED, Federal Reserve Bank of St. Louis, 1. Januar 2026, https://fred.stlouisfed.org/series/UMCSENT.

Urner, Dan: „So investieren Sie in Whisky". *Moneyland*, 13. Dezember 2024, https://www.moneyland.ch/de/whiskey-anlage-investment.

„...where distraction is the main attraction". *Diving for Pearls*, 18. Januar 2019, https://www.divingforpearlsblog.com/2019/01/single-malt-scotch-in-america-prices.html.

„Which countries export and import the most whisky?“. *Whisky Invest Direct,* https://www.whiskyinvestdirect.com/about-whisky/largest-whisky-exporting-and-importing-countries.

„Whisky indexes: WhiskyInvestDirect Grain Index (WIDGI) and Malt Index (WIDMI)“. *Whisky Invest Direct,* 16. Dezember 2025, https://www.whiskyinvestdirect.com/about-whisky/whisky-index.

„Whiskystats Whisky Index“. *Whiskystats,* https://www.whiskystats.com/whisky-auction-price-indices/index/1.

Quellen der Tabellen

Tabelle 2.1: Weltweit bekannte Whisky-Destillerien

Simm, Sylvia: „Internationaler Whisky“. *Whisky.de,* 10. April 2024, https://www.whisky.de/internationaler-whisky.html?srsltid=AfmBOopFuWQCyp6La073SxaAZykHNz5RrXvbIKn_pvrPyhJ5dtkKTY4C&cHash=0a8cc5cd25c102eb861674b954c2190b&autoredirected=1.

Tabelle 4.1: Zeiträume und Renditechancen

Cordiez, Tom: *That's the Spirit: An Analysis of Investment in Collectible Whisky.* 2020. Erasmus University Rotterdam, Masterarbeit.

Koutsakis, George: „Whisky Madness: $600 Scotch Sells For Over $6,000 Two Weeks After Release“. *Forbes,* 29. August 2018, https://www.forbes.com/sites/georgekoutsakis/2018/08/29/whisky-madness-600-scotch-sells-for-over-6000-two-weeks-after-release/.

Tabelle 5.1: Füllstand und erhaltener Wert

„Fill Level Price Variance“. *Rare Whisky 101,* https://www.rarewhisky101.com/indices/insight/fill-level-price-variance-curve.

Quellen der Abbildungen

Abbildung 1.1: Titelseite des Excise Act von 1823
„The 1823 Excise Act". *Scotch Whisky Association*, https://www.scotch-whisky.org.uk/discover-scotch/story-of-scotch/the-1823-excise-act/.

Abbildung 2.1: Schritte der Whiskyherstellung
Bischofberger, Samuel: „Whisky-Herstellung: Einfach erklärt in 5 Punkten". *Malt Whisky Magazin*, 11. Januar 2021, https://www.malt-whisky.de/whisky-herstellung-einfach-erklaert/.

Abbildung 2.2: Whisky-Regionen in Schottland
„Distillery Map". *Scotch Whisky Association*, 2025, https://www.scotch-whisky.org.uk/2175.

Abbildung 2.3: Whisky-Exportnationen
„Which countries export and import the most whisky?". *Whisky Invest Direct*, https://www.whiskyinvestdirect.com/about-whisky/largest-whisky-exporting-and-importing-countries.

Abbildung 2.4: Schottlands Whisky-Exportvolumen (0,7 Liter Flaschenäquivalent) nach Kategorie
„Scotch Whisky: An Internationally Traded Spirit". *Scotch Whisky Association*, 13. Februar 2025, https://www.scotch-whisky.org.uk/industry-insights/international-trade/.

Abbildung 2.5: Schottlands Whisky-Exportwert in US-Dollar nach Kategorie
„Scotch Whisky: An Internationally Traded Spirit". *Scotch Whisky Association*, 13. Februar 2025, https://www.scotch-whisky.org.uk/industry-insights/international-trade/.

Abbildung 3.1: Big Mac Index
„Big Mac Index by Country 2025“. *World Population Review*, 2025, https://worldpopulationreview.com/country-rankings/big-mac-index-by-country.

„Big-Mac-Index: Weltweiter Preisvergleich für einen Big Mac im Januar 2025“. Statista, Januar 2025, https://de.statista.com/statistik/daten/studie/199335/umfrage/big-mac-index-weltweiter-preis-fuer-einen-big-mac/.

„Big Mac Index US“. *Truflation*, https://truflation.com/marketplace/us-big-mac.

Abbildung 3.2: Geldmenge M2 des US-Dollars
„M2 (M2SL)“. Board of Governors of the Federal Reserve System (US), abgerufen bei FRED, Federal Reserve Bank of St. Louis, 1. Januar 2026, https://fred.stlouisfed.org/series/M2SL.

Abbildung 3.3: Diversifikation
Dalio, Ray: *Die Prinzipien des Erfolgs*. München: FinanzBuch Verlag, 2019.

Abbildung 3.4: Rare Whisky Icon 100 Index
„Rare Whisky Icon 100 Index“. *Rare Whisky 101*, https://www.rarewhisky101.com/indices/market-performance-indices/rare_whisky_100_index.

Abbildung 3.5: S&P 500
„S&P 500 Historical Data“. *Investing.com*, https://www.investing.com/indices/us-spx-500-historical-data.

Abbildung 3.6: Entwicklung des Artprice100© Index
„The Artprice 100© Index of blue-chip artists loses 8.3% in 2024". *art-price.com,* 20. Februar 2025, https://www.artprice.com/artprice-news/6893/The+Artprice100©+Index+of+blue-chip+artists+loses+8.

Abbildung 3.7: Weinpreise-Index
„Liv-ex Data, Indexes & Indices: Reading the Market". *Cult Wines,* September 2025, https://www.wineinvestment.com/learn/insights/liv-ex-data-indexes-and-indices-reading-the-market/.

Abbildung 3.8: Goldpreis
„GLD ETF Stock Price History". *Investing.com,* https://www.investing.com/etfs/spdr-gold-trust-historical-data.

Abbildung 3.9: Bitcoin-Preisentwicklung
„Bitcoin". *CoinMarketCap,* https://coinmarketcap.com/currencies/bitcoin/.

Abbildung 3.10: Deutscher Oldtimer Index
„Deutscher Oldtimer Index: Oldtimer-Preise steigen leicht an". VDA, 8. April 2025, https://www.vda.de/de/presse/Pressemeldungen/2025/250407_PM_Oldtimer-Preise-steigen-leicht-an.

Abbildung 3.11: Hauspreisindex EU
„House price index (2015 = 100) - quarterly data". *Eurostat,* 3. Oktober 2025, https://ec.europa.eu/eurostat/databrowser/view/prc_hpi_q__custom_19530170/default/table.

Abbildung 3.12: S&P 500 versus Gold versus Whisky
„GLD ETF Stock Price History". *Investing.com,* https://www.investing.com/etfs/spdr-gold-trust-historical-data.

„Rare Whisky Icon 100 Index". *Rare Whisky 101*, https://www.rarewhisky101.com/indices/market-performance-indices/rare_whisky_100_index.

„S&P 500 Historical Data". *Investing.com*, https://www.investing.com/indices/us-spx-500-historical-data.

Abbildung 4.1: Scotch-Whisky-Exporte
„Global Scotch Whisky Exports". *Scotch Whisky Association*, https://www.scotch-whisky.org.uk/industry-insights/international-trade/.

Abbildung 4.2: Malt Whisky LPA Preise im zeitlichen Verlauf
„Whisky indexes: WhiskyInvestDirect Grain Index (WIDGI) and Malt Index (WIDMI)". *Whisky Invest Direct*, 16. Dezember 2025, https://www.whiskyinvestdirect.com/about-whisky/whisky-index.

Abbildung 4.3: Glen Moray LPA Preise im zeitlichen Verlauf
„Glen Moray Price History". *Whisky Invest Direct*, https://www.whiskyinvestdirect.com/glen-moray/2016/Q3/BBF/chart.do.

Abbildung 4.4: Whiskystats Whisky Index
„Whiskystats Whisky Index". *Whiskystats*, https://www.whiskystats.com/whisky-auction-price-indices/index/1.

Abbildung 4.5: Rare Whisky Icon 100 Index
„Rare Whisky Icon 100 Index". *Rare Whisky 101*, https://www.rarewhisky101.com/indices/market-performance-indices/rare_whisky_100_index.

Abbildung 4.6: Rare Whisky Single Grain 100 Index
„Single Grain 100 Index". *Rare Whisky 101*, https://www.rarewhisky101.com/indices/market-performance-indices/single-grain-100-index.

Abbildung 4.7: Rare Whisky Macallan Index
„Macallan Index". *Rare Whisky 101,* https://www.rarewhisky101.com/indices/distillery-specific-indices/macallan-index.

Abbildung 4.8: Rare Whisky Port Ellen Index
„Port Ellen Index". *Rare Whisky 101,* https://www.rarewhisky101.com/indices/distillery-specific-indices/port-ellen-ob-index.

Abbildung 4.9: Rare Whisky Bowmore Index
„Bowmore Index". *Rare Whisky 101,* https://www.rarewhisky101.com/indices/distillery-specific-indices/bowmore-index.

Abbildung 4.10: Rare Whisky Springbank Index
„Springbank Index". *Rare Whisky 101,* https://www.rarewhisky101.com/indices/distillery-specific-indices/springbank-index.

Abbildung 4.11: Rare Whisky Glenlivet Index
„Glenlivet Index". *Rare Whisky 101,* https://www.rarewhisky101.com/indices/distillery-specific-indices/glenlivet-index.

Abbildung 4.12: Rare Whisky Glenfiddich Index
„Glenfiddich Index". *Rare Whisky 101,* https://www.rarewhisky101.com/indices/distillery-specific-indices/glenfiddich-index.

Abbildung 4.13: Rare Whisky Japanese Icon 100 Index
„Japanese 100 Index". *Rare Whisky 101,* https://www.rarewhisky101.com/indices/market-performance-indices/japanese-100-index.

Abbildung 4.14: Chinas CCI versus Whisky
„Consumer Opinion Surveys: Composite Consumer Confidence for China". Organization for Economic Co-operation and Development, abgerufen bei FRED, Federal Reserve Bank of St. Louis, 1. Januar 2026, https://fred.stlouisfed.org/series/CSCICP02CNM460S.

„Rare Whisky Icon 100 Index". *Rare Whisky 101*, https://www.rarewhisky101.com/indices/market-performance-indices/rare_whisky_100_index.

Abbildung 4.15: Euroraum-CCI versus Whisky
„Consumer Opinion Surveys: Composite Consumer Confidence for Euro Area (19 Countries)". Organization for Economic Co-operation and Development, abgerufen bei FRED, Federal Reserve Bank of St. Louis, 1. Januar 2026, https://fred.stlouisfed.org/series/CSCICP02EZM460S.

„Rare Whisky Icon 100 Index". *Rare Whisky 101*, https://www.rarewhisky101.com/indices/market-performance-indices/rare_whisky_100_index.

Abbildung 4.16: United-States-CCI versus Whisky
„University of Michigan: Consumer Sentiment". University of Michigan, abgerufen bei FRED, Federal Reserve Bank of St. Louis, 1. Januar 2026, https://fred.stlouisfed.org/series/UMCSENT.

„Rare Whisky Icon 100 Index". *Rare Whisky 101*, https://www.rarewhisky101.com/indices/market-performance-indices/rare_whisky_100_index.

Abbildung 4.17: EZB-Zinsen versus Whisky
„ECB Deposit Facility Rate for Euro Area". European Central Bank, abgerufen bei FRED, Federal Reserve Bank of St. Louis, 1. Januar 2026, https://fred.stlouisfed.org/series/ECBDFR.

„Rare Whisky Icon 100 Index". *Rare Whisky 101*, https://www.rarewhisky101.com/indices/market-performance-indices/rare_whisky_100_index.

Abbildung 4.18: Fed-Zinsen versus Whisky
„Federal Funds Effective Rate". Board of Governors of the Federal Reserve System (US), abgerufen bei FRED, Federal Reserve Bank of St. Louis, 1. Januar 2026, https://fred.stlouisfed.org/series/DFF.

„Rare Whisky Icon 100 Index". *Rare Whisky 101*, https://www.rarewhisky101.com/indices/market-performance-indices/rare_whisky_100_index.

Abbildung 4.19: Zentralbanken-Bilanzen Eurozone versus Whisky
„Central Bank Assets for Euro Area (11-19 Countries)". European Central Bank, abgerufen bei FRED, Federal Reserve Bank of St. Louis, 1. Januar 2026, https://fred.stlouisfed.org/series/ECBASSETSW.

„Rare Whisky Icon 100 Index". *Rare Whisky 101*, https://www.rarewhisky101.com/indices/market-performance-indices/rare_whisky_100_index.

Abbildung 4.20: Zentralbankbilanz USA versus Whisky
„Assets: Total Assets (Less Eliminations from Consolidation): Wednesday Level". Board of Governors of the Federal Reserve System (US), abgerufen bei FRED, Federal Reserve Bank of St. Louis, 1. Januar 2026, https://fred.stlouisfed.org/series/WALCL.

„Rare Whisky Icon 100 Index". *Rare Whisky 101*, https://www.rarewhisky101.com/indices/market-performance-indices/rare_whisky_100_index.

Abbildung 4.21: GSI-Modell
„At RW101 We Have 3 Key Client Groups – Drinkers/Connoisseurs, Collectors And Investors". *Rare Whisky 101*, https://www.rarewhisky101.com/indices/insight/dci-model.

Abbildung 5.1: Füllstände
„Fill Level Price Variance". *Rare Whisky 101*, https://www.rarewhisky101.com/indices/insight/fill-level-price-variance-curve.

Anhang

Scorecard

Faktor	Ihre Bewertung	Max.
Destillerie Prestige		von 20
Seltenheit/Limitierung		von 15
Vergleichbare Preishistorie		von 15
Fassart/Reifungsmerkmale		von 10
Alter/Vintage		von 10
Merkmale/Kultfaktor		von 10
Sammlernachfrage		von 10
Marktdynamik		von 10
GESAMTSCORE		von 100

Preisvergleich

Destillerie & Abfüllung	Auktion/ Plattform	Datum	Preis
Yamazaki Limited Edition 2022	eBay	**12.04.2026**	**€ 565,00**
https://www.ebay.at/itm/405732032887?_skw=yamazaki+limited+edition+2022&itmmeta=01KP1P6SVF92CBRJZPF7Q5GB9X&hash=item5e77838177:g:zUIAAOSwRAZn8qnq&itmprp=enc:AQALAAABAGfYFPkwiKCW4ZNSs2u11xC5hSOqClqqlbP2wbe8sjLvw+tmhCYr4IwX2IkMU5KnYBLPOMWH19yByk6u6dQljHwZJi8vlzWxY5NzNtJTlqUzntvZIlZbLLwhVJCplbxzY+ZOpS3VXpVZr1Hy0hNez+A+XVT+7r1zULriU2wCKCOzdwZywFT7nL9JA0qDK5sP52SXpKxacStWc1YDOpn1mgj5A7ZiDj37STn9GMORi6vNllg4IiWCzd+xmkR+9DvIhyf1qREO8tQflu40AD+6F2Mp2cyxYKv2433Ctwqn8mLZTOfaoYciestC2lA7n1Vm2jw+A7oVhwfYEESWUNt+pDM=|tkp:Bk9SR_Sdm7awZw			
Yamazaki Limited Edition 2022	JapanWhiskys	**12.04.2026**	**€ 299,00**
https://japanwhiskys.com/japanischer-whisky/yamazaki/672/yamazaki-limited-edition-2022?c=6			
Yamazaki Limited Edition 2022	JWhisky	**12.04.2026**	**€ 419,00**
https://jwhisky.de/products/suntory-yamazaki-single-malt-limited-edition-2022?srsltid=AfmBOoqkO_C0CDol3yT5tx3tnOORp5R0RUswJkA66K6e7XjV5bQ83Hc0			
Yamazaki Limited Edition 2022	Master of Malt	**12.04.2026**	**€ 457,00**
https://www.masterofmalt.com/whiskies/yamazaki/yamazaki-limited-edition-2022-whisky/?utm_content=yamazaki/yamazaki-limited-edition-2022-whisky			

Checkliste Kauf

Verkaufs-möglichkeit/ Exit-Kanal, GSI Modell, These	Vor dem Kauf Exit-These klären: künftige Käufergruppe (Genießer, Sammler, Investor) und geplanter Verkaufskanal. Je breiter die Zielgruppe, desto höher die Exit-Liquidität.	MUSS
Original-abfüllung	Originalabfüllungen (OB) sind meist wertstabiler als Independent Bottlings (IB), da der Markenname eigene Nachfrage schafft. Fokus auf OB.	GUT
Age Statement/ Release Jahr	Age-Statement-Abfüllungen sind meist knapper als NAS-Releases. Für die Preisbildung zählen Alter, Destillationsjahr und Abfülljahr.	GUT
Limitierung real belegt	„Limited Edition" ist ohne belegte Stückzahl meist wertlos. Entscheidend sind reale Auflage, Nummerierung und tatsächliche Knappheit.	MUSS
Preise Verglichen	Marktpreise immer über mehrere unabhängige Plattformen und vergleichbare Verkäufe prüfen. Einzelpreise sind kein verlässlicher Marktwert.	MUSS
Preisanalyse Zeitraum	Nicht nur den aktuellen Preis, sondern auch den Trend der letzten 12–24 Monate bewerten. Erst der Verlauf zeigt Marktstärke oder Korrekturrisiko.	GUT
Seriöse Quelle	Nur bei etablierten Auktionshäusern, verifizierten Händlern oder bekannten Sammlern kaufen. Bei teuren Flaschen Authentifizierung und Rechnung verlangen.	MUSS
Zusatzgebühren berücksichtigt	Käufer- und Verkäufergebühren sowie Versand, Versicherung und Lagerkosten vollständig in die Nettorendite einrechnen.	GUT
Füllstand im Halsbereich	Ideal ist „Into the Neck". Sinkender Füllstand mindert den Wert massiv.	MUSS
Etikett unbeschädigt	Beschädigte oder verblasste Etiketten senken den Wiederverkaufswert. Vorder- und Rücketikett sowie die Fotoqualität genau prüfen.	MUSS
Unbeschädigte Originalbox	Eine vollständige, unbeschädigte Originalverpackung erhöht den Sammlerwert und ist oft Voraussetzung für den Bestpreis.	GUT

Portfolio

Destillerie/ Abfüller	Glenfiddich	Macallan	Port Ellen
Investition	1	2	3
Abfüllung	Snow Phoenix	Harmony Collection Phoenix Honey Orchid Tea	1st Annual Special Release 2001 Limited Edition
Release	2010	2025	2001
Alter/Reifezeit	-	-	22 Jahre
Limitierung	Physisch	Ja	6.000 Flaschen
Kaufdatum	3.4.2012	20.9.2025	17.3.2002
Kaufpreis	€ 250,00	€ 195,00	€ 390,00
Plattform	eBay	Duty-Free Flughafen Frankfurt	whiskyauction.com
Anzahl Flaschen	1	1	1
Verkaufsdatum	14.10.2020	-	10.3.2019
Verkaufspreis	€ 570,00	-	€ 2.200,00
Plattform	eBay	-	Whiskybase
Gewinn	€ 320	-	€ 1.810,00
Gewinn in %	128 %	-	464 %
Haltedauer	8 Jahre 6 Monate	-	17 Jahre
Rendite pro Jahr	15,06 %	-	27 %

Mehr zum Thema Whisky:

Jim McEwan / Udo Sonntag
A Journeyman's Journey
528 Seiten
gebunden, viele Farbfotografien
68,50 [D] / 70,00 [A]
ISBN: 978-3-86470-747-6

Für Whisky-Profis, -Kenner und -Liebhaber ist Jim McEwan eine Ikone wie Steve Jobs, Paul McCartney und Pelé. Aufgewachsen im kleinen Dorf Bowmore auf der „Whisky-Insel" Islay, startete er seine Laufbahn anno 1963 mit 15 Jahren als Fassmacher in der Bowmore-Destillerie. Daraus entwickelte sich eine beispiellose Karriere, in der Jim die Welt des Whiskys wie kein Zweiter prägen und revolutionieren sollte. Der weltweite Erfolg des Single Malt Whiskys ist untrennbar mit ihm verbunden. Höhepunkt seines Schaffens war die Wiederbelebung der Brennerei Bruichladdich, heute eine der innovativsten und angesehensten Vertreterinnen der Whisky-Welt. Wie mit zwei Männern und einem Hund eine Reise begann, die in neue Universen des Whiskys führen sollte, ist nur ein Teil der Geschichte, die Jim McEwan hier anekdotenreich und mit viel Humor erzählt. Aufwendig gestaltet, reich bebildert und opulent ausgestattet – ein Genuss für Liebhaber wundervoller Bücher und wundervoller Getränke gleichermaßen.

Auszug aus „A Journeyman's Journey – Die Geschichte des Jim McEwan"

Es war ein Freitag, an dem das Leben sich dazu entschieden hat, mir die Türen zu öffnen und mich loszuschicken. An diesem sonnigen Freitag, es war der 23. Juli 1948, hatte das Leben offensichtlich gute Laune und wollte ausgerechnet mir etwas Gutes tun. Das Leben hat mich in den Westen Schottlands geschickt. Ich durfte das Licht der Welt auf meiner geliebten Insel Islay erblicken. Ebenjene sagenumwobene, geschichtsträchtige und wunderbare Insel, die als Königin der Hebriden weit über die Grenzen Schottlands hinaus bekannt ist und geliebt wird. Es hätte wohl keinen perfekteren Ort für mich auf diesem großen Globus geben können. Alles passt zusammen: die Distanz zur Hektik und der Betriebsamkeit so mancher Großstadt auf dem schottischen Festland. Die farbenreiche und unbeschreiblich schöne, urtümliche Natur mit all ihren vielfältigen Facetten. Lassen Sie mich Ihnen eingangs Islay etwas näherbringen. Ich möchte, dass Sie ein Bild davon vor Ihrem inneren Auge sehen können.

„You don't choose the way you come into life and you don't choose the way you leave. It's the part in-between – that's what it's all about." Jim McEwan

Islay gehört zu den Inneren Hebriden und ist westlich der Kintyre-Halbinsel im Südwesten Schottlands gelegen. Islay ist eine der Vorzeigeinseln Schottlands. Dabei ist Islay eigentlich gar nicht von Anbeginn an immer schottisch gewesen, gerade einmal erst seit dem 13. Jahrhundert. Damals gehörte die Insel dem gefürchteten Lord of the Isles. Er war der Schrecken der Meere in dieser Zeit, geachtet und noch mehr gefürchtet. Vielleicht haben die *Ileachs* (ausgesprochen „Ielachs"), so nennt man die Menschen auf Islay, immer noch ein bisschen Spirit von diesem Lord in sich, wer

Die Paps of Jura.

weiß? Diesen Lord of the Isles gibt es offiziell immer noch, aber heutzutage muss man ihn Gott sei Dank nicht mehr fürchten, denn er weilt in London, sein Name ist Charles und seine Mutter ist die Queen.

Nördlich von Islay liegt die nahezu menschenleere Insel Jura. Obwohl dort nur etwa 300 Menschen leben, findet man im Dorf Craighouse, wunderschön von Palmen umrahmt, eine Whiskybrennerei. Die Inneren Hebriden sind von der Natur besonders verwöhnt, denn hier fließt der Golfstrom entlang und sorgt für ein besonderes Klima, in dem Natur und Pflanzen gedeihen können. Zugegeben, zwar nicht jede Pflanze unserer schönen Erde, aber zumindest mehr, als man denkt. Die Insel Jura erkennt man schon von Weitem an den drei mächtigen und zugleich gütig dreinblickenden Gipfeln, die „Paps of Jura" genannt werden: unbewaldete

Erhebungen, die im Winter auch schneebedeckte weiße Spitzen tragen und so zumindest eine Vorstellung von Winter bringen. Jedes Frühjahr, wenn das Schmelzwasser von den Gipfeln herunterstürzt, kann ich es kaum erwarten, alle drei Gipfel zu erklimmen und Islay von dieser Warte aus zu sehen.

Etwa 20 Meilen Luftlinie weiter südlich liegt die irische Insel. An sonnigen Tagen kann man sie von Islays Südküste aus wunderbar betrachten. Manchmal scheint sie sogar zum Greifen nah. Auch im Norden der irischen Insel findet man eine berühmte Brennerei, sogar die älteste offiziell erwähnte und legalisierte Brennerei der Welt aus dem Jahre 1608. Einziges Manko – sie ist keine schottische Brennerei. Ebenso weit entfernt wie Nordirland im Süden ist die Nachbarinsel Isle of Mull im Norden gelegen. An klaren Tagen sind ihre Hügel zu sehen. Einen exklusiven Blick auf diese Inselwelt hat man, wenn man als unerschrockener Wanderer auf den einsamen Wegen im Norden Islays unterwegs ist. Begibt man sich zum westlichsten Punkt Islays, so sucht man vergebens nach einer Nachbarschaft. Denn was der Sonne folgend als Nächstes aus dem Meer ragt, ist Kanada. Entlang der gesamten Westküste kann man die Unendlichkeit

des Meeres und die Freiheit des Horizonts spüren. Diejenigen, die behaupten, auf einer Insel herrsche eine bedrückende Enge, standen noch nie auf den Felsen von Portnahaven und haben zusammen mit den Seehunden die Sonne glutrot untergehen sehen – das sind unvergessliche Momente.

Es gibt nur zwei Möglichkeiten, um auf die Insel zu gelangen. Sie können entweder in eine kleine Propellermaschine mit 32 Sitzplätzen einsteigen und kommen mehr geschüttelt als gerührt am Islay Airport, dem „Port-adhair Ile", an. Ich empfehle bei der Buchung des Hinflugs stets darauf zu achten, einen Fensterplatz an der Steuerbordseite zu bekommen. Wann immer es die Wetterbedingungen zulassen, werden die Piloten nämlich den Landeanflug an der Südküste ansetzen. Richtet man den Blick zur Küste hin, und glauben Sie mir, Sie werden es tun, dann kommen plötzlich drei weiße *Warehouses* mit großen schwarzen Lettern auf ihren Mauern zum Vorschein. Zu lesen sind drei Namen, die die Herzen der Whiskykenner höherschlagen lassen: Ardbeg, Lagavulin und Laphroaig. Schon eine gute Minute später haben Sie den festen (oder sollte ich sagen: den torfigen) Islay-Boden unter Ihren Füßen.

Die zweite Möglichkeit, die *Queen of Hebrides* zu bereisen, wäre mit dem Auto. Dazu fährt man eine der schönsten Strecken in diesem Teil Schottlands. Von Glasgow kommend, am Westufer des Loch Lomond vorbei, gelangen Sie zu einem wunderbaren Schlosshotel in Tarbet. An diesem Punkt beginnt der Weg ins Paradies. Auf immer schmaler werdenden Wegen dringen Sie tiefer in die Landschaft von Argyll vor. Sie passieren traumhafte, unberührt wirkende Fjordlandschaften, sehen wunderschöne verwunschene alte verlassene Brücken rechts und links neben der Straße. Die Landschaft wirkt nahezu märchenhaft.

Nun steigt der Weg an. Sie fahren über einen hohen Pass, der auf der Höhe zum Rasten einlädt. Der Pass trägt den wundervollen und sehr passenden Namen „Rest and be thankful" – Ruh dich aus und sei dankbar. Wenn Sie sich umblicken, verstehen Sie, warum dieser Platz so genannt wird. Die Schönheit, die Sie dort erblicken, wird Sie zum Staunen bringen.

Zwangsläufig, denn es gibt nur diese eine Straße, kommen Sie auch an einem der schönsten Schlösser Schottlands vorbei. Allerdings können Sie Inveraray Castle nur aus den Augenwinkeln sehen, wenn Sie *Single Track Road Bridge* fahren. In Inveraray angekommen machen Sie eine kleine Pause und genießen das Flair des Hafenpiers mit den Bergen der Highlands im Hintergrund. Die Fahrt auf dieser *Scenic Route* endet schließlich in einem gottverlassenen Fahrhafen namens Kennacraig. Dort nimmt Sie dann eine Fähre mit und während der nun folgenden zweistündigen Überfahrt wird die Vorfreude auf das Kommende immer größer. Schließlich und endlich sind Sie angekommen und Islay, meine Insel, heißt Sie herzlich willkommen.

Sie sehen, es ist alles andere als einfach, nach Islay zu reisen, aber es lohnt sich. Wer diesen beschwerlichen Weg auf sich nimmt, der wird es nicht bereuen, denn Islay hat so viel zu bieten. Ich hoffe, Sie erlauben mir, Ihnen meine Insel zu zeigen.

Jim im Hafen von Bowmore, unweit der Brennerei.

Nachdem Sie sicher schon etwas davon gehört haben, wissen Sie, dass die Insel Islay in aller Welt für eine Besonderheit berühmt ist beziehungsweise geschätzt wird: die berühmten Islay Single Malt Whiskys. Das liegt vor allem daran, dass sich auf Islay neun der wohl berühmtesten und beliebtesten Brennereien befinden. In alphabetischer Reihenfolge sind dies: Ardbeg, Ardnahoe, Bowmore, Bruichladdich, Bunnahabhain, Caol Ila, Kilchoman, Lagavulin und Laphroaig.

Neben diesen Ikonen der Whiskygeschichte birgt die Insel auch noch eine Vielzahl von weiteren spektakulären Orten. So findet man im Südosten Islays, abseits der befestigten Straßen, einen frühen Zeugen der Christianisierung Europas: das nahezu vollständig erhaltene und wohl schönste Keltenkreuz seiner Art, „Kildalton Cross“, umgeben von Ruinen einer Kirchenanlage aus längst vergangenen Zeiten.

Mehr von Jim McEwan:

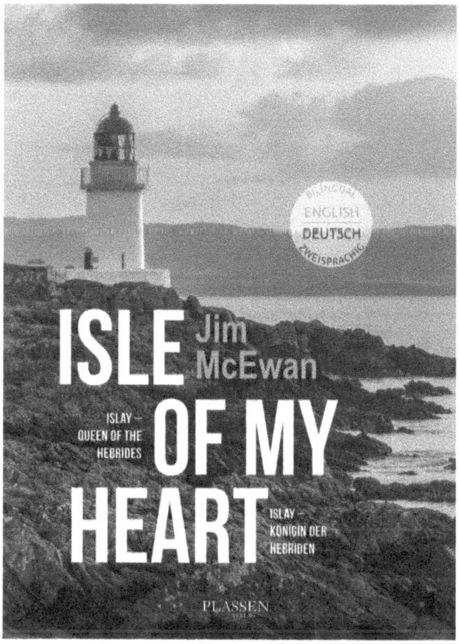

Jim McEwan

Jim McEwan:
Isle of my heart

256 Seiten
gebunden, viele Farbfotografien
40,32[D] / 41,50 [A]
ISBN: 978-3-86470-793-3

Ein wenig westlich vom schottischen Festland und ein wenig nördlich von Irland: Da liegt sie, mitten im rauen Nordatlantik. Islay. Die Königin der Hebriden, die Whisky-Insel, die Heimat von Jim McEwan. Jim, dessen Name untrennbar mit der Erfolgsgeschichte schottischen Single Malts verbunden ist, nimmt den Leser mit auf eine Reise zu den schönsten Plätzen seiner Insel Islay. Vom legendären Lighthouse in Port Charlotte über den Fährhafen in Port Ellen und das Kildalton Cross geht die Reise immer tiefer in die geheimnisvollsten und schönsten Ecken der Insel. Liebevoll zusammengestellt und kommentiert von Jim McEwan, bieten sich hier sowohl dem Natur- als auch dem Whiskyfan wunderschöne Einblicke in die raue Schönheit der Whisky-Insel Islay.

PLASSEN
VERLAG